Android-Apps mit Appinventor2

Jeder kann programmieren

Karl-Hermann Rollke

Copyright © 2017 Karl-Hermann Rollke

Oberer Teckelsberg 1
59846 Sundern

Alle Rechte vorbehalten

Verlag: Selfpublishing
Herstellung: Amazon Createspace

ISBN: 1544256000
ISBN-13: 978-1544256009

DANK

Mein Dank gilt meiner Frau
für ihre Geduld und
für die Korrekturen.

INHALTSVERZEICHNIS

ANMERKUNGEN

Appinventor 2 ist eine Programmierumgebung des
Massachusetts Institute of Technology
Android ist ein Betriebssystem
von Google.com

VORWORT

Über dieses Buch

Jeder kann eine App programmieren? Wirklich? Die Antwort ist: Ja.
Kann auch jeder eine grafisch anspruchsvolle App programmieren?
Die Antwort ist: Das kommt darauf an. Wieso?

Mit den hier im Buch vorgestellten Informationen und dem Werkzeug Appinventor2 kann jeder kleine bis mittelgroße Apps entwickeln, testen und veröffentlichen. Ja, sogar verkaufen.
Weiterhin benötigt man eine zündende Idee für eine App und natürlich einiges an Erfahrung und Übung.
In diesem Buch werden die Voraussetzungen dafür geschaffen. Es werden die Grundlagen gelegt und die wichtigsten Informationen vermittelt. Es werden kleine Apps zur Übung erstellt und getestet.
Aber es werden auch Grenzen aufgezeigt.
Der Grund für die Grenzen liegt eben in der Einfachheit des Werkzeugs. Der verwendete AppInventor2 ist ein intuitives, einfach zu erlernendes und Spaß machendes Programmierwerkzeug. Es bedient sich einer sehr anschaulichen Oberfläche zur Planung des Aussehens unserer App (Designer genannt) und einer Ebene zur Erstellung des eigentlichen Programms (Blocks genannt).
Diese Blocks lassen sich wie Bausteine verwenden, um Programmcode zu erzeugen.
Das ist sehr einfach - aber darin liegt auch einige Beschränkung.
Obwohl der zu erstellende Programmcode schon recht mächtig sein kann, so wird er einerseits in der "Bausteinumgebung" bei großen Programmen unübersichtlich und andererseits lässt sich nicht alles, was man sich vorgestellt hat, damit verwirklichen.
Aber ganz wichtig ist:
- es macht Spaß
- man sieht schnell Ergebnisse
- man lernt Ideen der Programmerstellung
- man muss keine komplizierte Programmiersprache lernen
- man kann schon ganz schön ansprechende Ergebnisse erzielen
Möglicherweise wird man später über kurz oder lang doch noch in eine professionellere Entwicklungsumgebung wechseln. Dazu gegen Ende des Buches mehr!

Für wen ist dieses Buch geschrieben?

Die Zielgruppe dieses Buches sind alle Anfänger und Umsteiger, die gerne einmal eine App für ihr Android Smartphone erstellen wollen, aber davor zurückschrecken, von Grund auf eine Programmiersprache zu lernen.

Eine Erfahrung in Programmierung ist nicht nötig, hindert aber auch nicht.

Natürlich muss man sich darauf einlassen, dass Computer (und auch Smartphones sind Computer) formal arbeitende Maschinen sind.

Das bedeutet, dass die Programmierung nach einem formalen Muster erfolgt.

Computer sind nämlich eigentlich dumm. Sie kennen als Daten nur Null und Eins; das sogenannte binäre Zahlensystem. Auch kennen sie nur sehr begrenzte Operationen mit diesen Daten. Aber sie sind ungeheuer schnell.

Eine Programmierung auf der Basis des binären Systems wäre zu mühselig und nur etwas für Spezialisten.

Zum Glück gibt es die höheren Programmiersprachen, wie Java, die es erlauben mit relativ verständlichen Befehlen zu programmieren.

Auch die hier benutzte Entwicklungsumgebung AppInventor2 basiert letztendlich auf einer Sprache wie Java.

Wir können uns glücklich schätzen, dass noch eine weitere Vereinfachung vorgenommen wurde. So gibt es logische Blöcke, die wie Bausteine mit bestimmten Formen verzahnt werden. Nur passende Blöcke können verwendet werden. Und die Blöcke sind relativ einfach in ihrer Wirkungsweise zu verstehen.

Das erleichtert die Programmierung ganz ungeheuer.

Das Ziel: Einfache Apps für Android

Unsere ersten Ziele sind denn auch keine allzu komplexen Programme, sondern erst einmal kleinere Apps, die uns an die Entwicklung von Apps überhaupt erst einmal heranführen.

Mit diesen einfachen Apps werden wir die grundlegenden Möglichkeiten der Entwicklungsumgebung kennen lernen. Dabei soll einerseits der Spaß nicht zu kurz kommen und andererseits sollen die Grundzüge der sogenannten ereignisgesteuerten Programmentwicklung kennen gelernt werden.

Es wird dabei eine Gratwanderung versucht, zwischen einer formalen Systematik und einem möglichst schnellen Erfolg in der App-Entwicklung.

So wird dieses Buch nicht den Anspruch haben, alle Möglichkeiten der Entwicklungsumgebung AppInventor2 systematisch aufzulisten. Es wird auch kein Informatikbuch sein, mit dem man systematisch alle sogenannten Algorithmen und Datenstrukturen in ihrem logischen formalen Zusammenspiel erlernt.

Vielmehr geht es darum, den Leser zu befähigen, seine ersten Apps für sein Android-Gerät zu entwickeln und auszutesten. Dabei sollen allerdings die formalen Zusammenhänge möglichst unauffällig im Hintergrund eine Rolle spielen.

Nach den ersten erfolgreichen Versuchen und dem Erlebnis, dass tatsächlich eine selbstgeschriebene App auf dem eigenen Smartphone läuft, wird es dann langsam weiter in die Tiefe gehen.

AppInventor2 liefert nämlich recht spannende Werkzeuge, um viele der Möglichkeiten moderner Smartphones in die Programmierung einzubeziehen. So werden wir z.B. die Sprachausgabe, die Sensoren, die Internetfähigkeit und vieles mehr nutzen.

Möglichkeiten der Erweiterung

Allerdings führt uns die Entwicklungsumgebung AppInventor2 auch an die Grenzen des Machbaren mit diesem Werkzeug.

Komplexere Apps mit umfangreichem Programmcode lassen sich damit kaum noch verwalten.

Intensive und tiefergehende Arbeit mit Daten auf dem Smartphone (Texte, Musik und Grafik) sind nicht möglich.

Apps mit vielen Fenstern, mit Menüs und Dialogen sind nur eingeschränkt zu verwirklichen.

Richtig aufwändige Grafikapplikationen sind nur mit entsprechenden Werkzeugen und mit einer komplexeren Programmiersprache möglich.

Aber das Schöne ist, dass fast alle Programmiersprachen gleichen logischen Mustern folgen. Anders als bei Fremdsprachen, ist es recht einfach, eine weitere Programmiersprache zu erlernen, wenn man schon eine beherrscht.

Auch die Bausteine unserer Entwicklungsumgebung (Blocks) haben schon eine sehr große Ähnlichkeit mit den Elementen einer komplexeren Programmiersprache wie Java oder C.

Wer z.B. später auf Java umsteigt oder schon Erfahrungen mit Java gemacht hat, wird vieles wieder erkennen. Denn der Befehlssatz von Java ist auch nicht viel umfangreicher.

Das Geheimnis einer leistungsfähigeren Entwicklungsumgebung zur App-Entwicklung liegt nämlich nicht in der Programmiersprache, sondern in den angebotenen Werkzeugen. Das sind vorgefertigte Programmelemente, die komplex und leistungsfähig sind. Die allerdings auch einige Kenntnisse verlangen, wenn man sie nutzen will.

Die könnten dann in Entwicklungsumgebungen wie Android Studio oder Eclipse enthalten sein.

Aber so weit sind wir noch nicht.

Jetzt erst mal zu unserem Einstieg und zu der ersten App, die schon sehr bald auf unserem Handy laufen wird.

Viel Erfolg!

Android-Apps entwickeln mit AppInventor2 - Jeder kann programmieren

1   WAS WIR ALLES BENÖTIGEN

Die Internetseite für den AppInventor2

Es ist schon mehrfach die Rede von der Entwicklungsumgebung AppInventor2 gewesen.

Das Werkzeug AppInventor2 ist am MIT entwickelt worden und wird auf der Internetseite http://AppInventor2.mit.edu/explore/ zur Verfügung gestellt.

Die Idee dahinter ist, dass eben jeder in die Lage versetzt werden soll, Apps für Smartphones mit Android zu erstellen. Die Zielgruppe sind Lernende, aber auch interessierte Laien. Also wir.

Wir öffnen also die Seite und erhalten vielfältige Informationen über das System, sowie News dazu. Alles allerdings in englischer Sprache. Wer dieser mächtig ist, sollte einfach mal stöbern, lesen und eventuell Beispiele und Übungen anschauen.

Zu unserem eigentlichen Anliegen, der Entwicklung eigener Apps, wählen wir einfach den orangenen Button „Create apps" oben rechts aus und wir werden zur Entwicklungsumgebung weitergeleitet.

Ein Google Account wird benötigt

Da der AppInventor2 eng verknüpft ist mit Google, ist ein Google-Konto unbedingt erforderlich.

Wer noch kein Konto hat, der muss sich registrieren und ein neues Konto erstellen. Schon bei Google registrierte Benutzer (die z.B. eine mail-Adresse bei Google haben) melden sich einfach mit der Adresse und dem Passwort an.

Ist dies geschehen, kommt man zu einer noch gänzlich leeren Entwicklungsumgebung von AppInventor2.

Später werden hier auch alle Programmierprojekte gespeichert und können wieder aufgerufen und verändert werden.

Auf der linken Seite sind die zur Verfügung stehenden Elemente einer App aufgelistet. Die Standardelemente, wie Buttons, Textfelder, usw. sind sofort sichtbar.

Weitere verstecken sich in den Aufklappfeldern darunter.

Wir sollten an diese Stelle mal spielen und die Aufklappfelder untersuchen. Hält man den Cursor über ein Element, so wird in einem Hinweisfeld die Funktion des Elements knapp beschrieben (leider auf Englisch).

Im mittleren Feld kann das Aussehen der späteren App geplant und erstellt werden. Dazu werden einfach die Elemente aus dem linken Feld mit der Maus angewählt und in das mittlere Feld gezogen.

Im rechten Feld werden Eigenschaften der Elemente eingestellt, die wir für unsere App im mittleren Design-Fenster angeordnet haben.

Die recht vielfältigen Möglichkeiten werden wir in vielen kleinen und größeren Beispielen kennenlernen. Zwischendurch wird es kleine Exkursionen zur Vertiefung geben. Dabei werden die möglichen Eigenschaften der Elemente genauer erklärt, wie auch Hintergründe zu der verwendeten Programmiersprache.

2 EINE ALLERERSTE APP

Eine App entsteht

Los geht's!
Der Google-Account ist vorhanden. Die Seite des AppInventor2 ist geöffnet.
Die allererste App kann natürlich nur sehr einfach sein, weil wir uns erst einmal langsam an die Materie heranarbeiten müssen.
Es soll schlicht und einfach der Name des Besitzers dieses Handys ausgegeben werden, wenn die App gestartet wird.

Der Design-Editor

Dazu erstellen wir mit dem Design-Editor (Button Designer wählen, wenn nicht schon geöffnet) zwei Felder zur Textausgabe

Von der linken Spalte (Palette) ziehen wir zweimal mit der Maus je ein Element mit dem Namen Label in das Designerfenster. Diese beiden Ausgabefelder sind jetzt untereinander im Designfenster angeordnet und als Kästchen sichtbar.
In der rechts vom Designfenster liegenden Spalte mit der Überschrift Components finden sich jetzt drei Elemente: Screen1, Label1 und Label2.
Die beiden Ausgabefelder sind etwas eingerückt unter Screen1. Das bedeutet, das Screen1 als Bildschirm unseres Smartphones das übergeordnete Element ist. Die beiden Ausgabefelder sind untergeordnet, d.h. sie gehören zum Bildschirm Screen1.

Im Bild zum Beispiel fällt auf, dass die beiden Ausgabefelder hier nicht Label1 und Label2 heißen. Klickt man ein Element aus dem Fenster Components an und drückt dann auf den Button mit der Aufschrift „Rename", so kann man dem Element einen aussagekräftigeren Namen geben. Hier z.B. Ausgabefeld1 und Ausgabefeld2.

Mit dem Button „Delete" lässt sich ein Element löschen.

In der ganz rechten Spalte des Fensters mit dem Titel „Properties" können die Eigenschaften der jeweiligen Elemente eingestellt und geändert werden.

Hier geben wir für das obere Ausgabefeld (Ausgabefeld1) den Text „Dieses Telefon gehört" ein. Dazu wählen wir in der Spalte Properties das Feld Text und ersetzen den dort voreingestellten Text „Text for Label 1" durch unseren Text.

Für das Design spielt der Text keine Rolle, da er durch unsere App ausgefüllt werden soll.

Gerne können wir an dieser Stelle auch mit weiteren Eigenschaften spielen, wie z.B. die Schriftgröße der Texte (FontSize) oder die Schriftfarbe (TextColor).

Der Block-Editor

Jetzt soll unsere App aber nicht nur zwei Ausgabefelder auf dem Bildschirm darstellen, sondern auch selber etwas machen.

Dazu soll beim Öffnen des Bildschirms der Name des Besitzers im zweiten Ausgabefeld dargestellt werden.

Um einer App Leben einzuhauchen, müssen wir in einen anderen Modus der Entwicklungsumgebung schalten.

Oben rechts im Hauptfenster finden sich zwei Buttons „Designer" und „Blocks".

Zur Zeit sind wir im Designer-Modus. Der entsprechende Button ist grün hinterlegt.

Drücken wir auf den Button „Blocks", ändert sich das Bild. In diesem Modus können wir nun ein Programm schreiben.

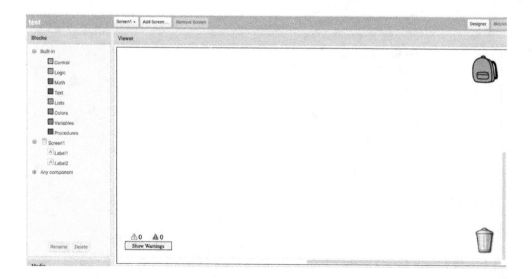

Auf der linken Seite können wir Programmblöcke für verschiedene Standardelemente wie Kontrollfunktionen, mathematische Funktionen, usw. auswählen. Wir können aber auch Programmblöcke auswählen, die mit den Elementen einhergehen, die wir im Designer erstellt haben.

Die Auswahl geschieht, indem wir das entsprechende Element mit der Maus anklicken. Dann öffnet sich ein PopUp-Fenster mit den für dieses Element möglichen Blöcken. Wählen wir erst einmal Screen1 an.

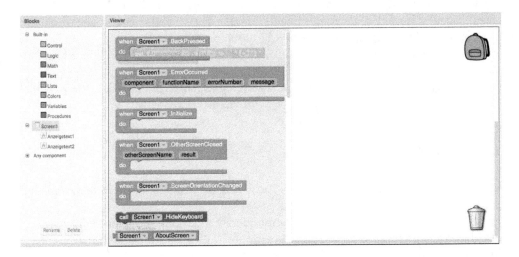

Jetzt ziehen wir den Block mit der Aufschrift „when Screen1.Initialize" in das leere Fenster nach rechts.

Dann wählen wir Anzeigetext1 an und ziehen den Block „set Anzeigetext1.text to" ebenfalls nach rechts in das Fenster.

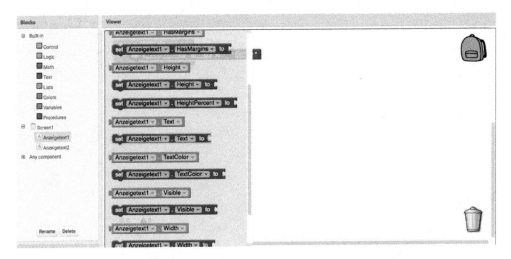

Und als Letztes ziehen wir aus der Rubrik „Text" den Block 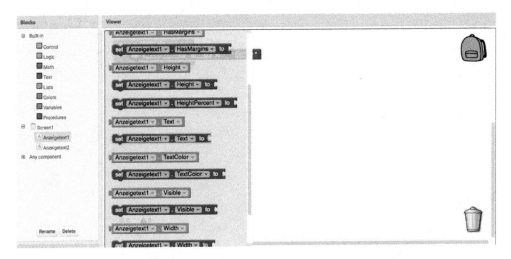 in das Fenster und schreiben unseren Namen zwischen die Anführungszeichen. Hier als Beispiel „Chris".

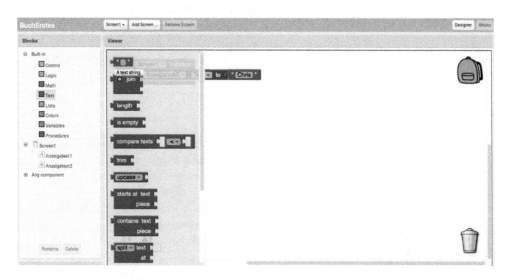

Jetzt bauen wir durch Verschieben der Blöcke das Programm zusammen, bis das folgende Bild entsteht:

Wie können wir diese Blöcke verstehen?

Der äußere Block besagt: Wenn der Bildschirm Screen1 die Nachricht Initialize (erstmaliges Einstellen) erhält, dann mache (*do*) das, was innerhalb des Blocks angeordnet ist:

Setze (*set*) den Anzeigetext2 mit der Nachricht „Text" auf den Wert (*to*), der im angehängten Block steht, nämlich „Chris".

An dieser Stelle sei kurz bemerkt, dass es sich bei der hier verwendeten Programmiersprache um eine objektorientierte Sprache handelt, die nach dem Prinzip der Ereignissteuerung arbeitet.

Das heißt, die Programme reagieren auf Ereignisse, die vom Benutzer oder dem Gerät ausgehen. Hier handelt es sich um das Ereignis, dass der Bildschirm vom Smartphone erstmalig eingerichtet, d.h. initialisiert wird (*initialize*).

Den beiden Objekten Screen1 und Anzeigetext1 werden Nachrichten geschickt: Initialize und Text. Diese werden mit einem Punkt an das Objekt angehängt.

Diese Wissen ist an dieser Stelle noch nicht wichtig, sollte aber für später erwähnt werden.

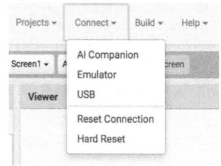

Nun wird es ernst. Wir wollen unser Programm jetzt starten. AppInventor2 bietet dazu drei Möglichkeiten: Es gibt einen Emulator, der ein Android Gerät auf dem Computer simuliert. Außerdem kann man sein eigenes Smartphone oder Tablet entweder per WiFi oder per USB mit dem Computer koppeln und die App darauf ausprobieren.

Der Emulator

Bevor der Emulator funktionierten kann, muss er erst einmal auf dem Computer installiert werden. Immerhin ist der Emulator auch nur ein Programm.

Zum Zeitpunkt der Erstellung dieses Buches findet man die Installation unter dem Link: http://appinventor.mit.edu/explore/ai2/setup-emulator.html

Dort werden die Installationen für Mac, Windows und Linux angeboten und der Installationsprozess beschrieben. Sollte sich der Link ändern, so sucht man unter „AppInventor2 Emulator" und wird den richtigen Link finden.

Aus dem Auswahlmenü „Connect" wählen wir den Menüpunkt „Emulator". Daraufhin erscheint ein emuliertes Smartphone auf dem Bildschirm.

Zuerst ist der Bildschirm schwarz, dann wird das Gerät wie ein Android-Handy gestartet.

Bis dann endlich unser Programm auf diesem Handy läuft. – Wenn denn alles korrekt ist...

Bemerkung: Beim ersten Start des Emulators muss man ein wenig Geduld haben. Es kann etwas dauern. Nicht auf „Cancel" drücken, weil dann der Start

abgebrochen wird. Im ungünstigen Fall verlangt der Emulator eventuell ein Update. Das kann man wahlweise überspringen oder ausführen.

Ist der Emulator erst einmal gestartet, werden Änderungen, die wir in unserer App vornehmen, direkt ausgeführt, wenn dies programmtechnisch möglich ist.

Sollte einmal etwas überhaupt nicht funktionieren oder der Emulator hängen, dann kann mit der Auswahl „Reset Connection" oder „Hard Reset" alles gestoppt werden und der Emulator kann neu aufgerufen werden.

Kaputt machen kann man rein gar nichts, weil es sich nur um ein simuliertes Handy handelt.

Die meisten Funktionen eines Smartphones lassen sich auf dem Emulator ausprobieren. Aber naturgemäß ist z.B. ein Schütteln oder ähnliches nicht möglich.

Die App ausführen mit der WiFi-Kopplung

Eine sehr elegante Möglichkeit, die App auf dem Smartphone zu testen, ist die Verbindung über WiFi. Dazu müssen das Smartphone und der Computer im selben Nerz angemeldet sein. Allerdings ist eine App auf dem Android Gerät nötig, um diese Verbindung herzustellen.

Wir laden aus dem Google Play Store die folgende App auf unser Smartphone:

MIT AI2 Companion

Dann starten wir die App und sehen eine Auswahl „connect with code" oder „Scan QR code". Diese App wartet jetzt auf eine WiFi-Verbindung.

Wenn wir auf dem Computer aus dem Menü „Connect" die Auswahl „AI Companion" anwählen, dann erscheint ein QR-Code und ein sechsstelliger Code. Z.B. der folgenden Art:

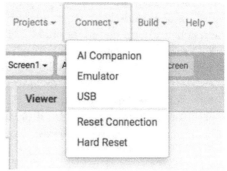

Dieser QR-Code kann nun mit der App „MIT AI Companion" mittels Kamera des Handy gescannt werden oder wir können den sechsstelligen Code eingeben (hier z.B. *xmafmr*).

Danach sollte unsere App auf dem Android Gerät (Handy oder Tablet) ausgeführt werden.

Auch bei dieser Methode werden Änderungen meistens direkt auf dem Gerät ausgeführt.

Möglicherweise muss auf dem Android-Gerät noch eine Einstellung vorgenommen werden, die es erlaubt, fremde Programme, die nicht aus dem Google PlayStore stammen, auszuführen. Dazu wird das Menü „Einstellungen" geöffnet (meist zieht man mit dem Finger von oben rechts auf dem Bildschirm nach unten).

Im Menüpunkt „Sicherheit" wird die Einstellung „Unbekannte Quellen" aktiviert. Jetzt lassen sich Apps direkt ohne den Google Play Store installieren.

Aber Vorsicht! Die so installierten Apps sind nicht geprüft. Wir sollten die Einstellung nur nutzen, um unsere eigenen Apps zu installieren.

Die App ausführen per USB-Verbindung

Die direkteste Verbindung des AppInventor2 mit dem Android-Gerät ist die Verbindung mittels USB.

Dazu muss das Android-Gerät so eingestellt werden, dass es im Entwicklermodus ist und die Installation fremder Programme akzeptiert. Ab Android 4.2 muss man bei den Einstellungen einen Trick kennen.

Zuerst werden die „Einstellungen" geöffnet (meist zieht man mit dem Finger von oben rechts auf dem Bildschirm nach unten).
Dann gehen wir auf den Menüpunkt „Allgemein" und runter zu „Info zum Gerät".
Dort erscheint ein eine sogenannte „Build-Nummer". Auf diesen Eintrag tippen wir **mehrmals**, bis die Meldung erscheint: „Sie sind jetzt Entwickler".
Hurra! Jetzt erscheinen unter „Allgemein" weitere „Entwickler-Optionen".
Unter dem neuen Menüeintrag „USB-Debugging" wird das USB-Debugging eingeschaltet. Jetzt ist das Android-Gerät dafür vorbereitet, über USB Apps installiert zu bekommen. In unserem Fall vom AppInventor2.

Wem gehört dieses Telefon?

Die gerade erstellte kleine App stellt auf dem Bildschirm dar, wem das Telefon gehört. Wir sollten die App jetzt erst einmal mit den verschiedenen Methoden an das Smartphone oder Tablet übertragen und ausprobieren, um ein Gefühl dafür zu bekommen, wie der Test einer App vonstatten gehen kann.
Jeder wird seine eigene Lieblingsmethode dabei herausfinden. Wenn kein Android-Gerät vorhanden ist, wird man sowieso auf den Emulator zurückgreifen müssen.
Bei den Tests sollte auch einmal die eine oder andere kleine Veränderung in der App vorgenommen werde, wie z.B. der Name des Besitzers, um zu erleben, wie die Änderung sofort wirksam wird.

3   EINE ETWAS VERBESSERTE APP

Verschönerungen der App

Im Folgenden werden wir unserer ersten App noch ein paar zusätzliche Elemente mitgeben, die einerseits zur Verschönerung dienen und andererseits unsere Kenntnisse etwas weiterentwickeln.

Zuerst fügen wir im Design-Editor wieder zwei sogenannte Label ein. Dies sind Elemente zur reinen Darstellung von Text, der nicht vom Benutzer der App verändert werden kann. Ein Label benutzen wir immer , wenn wir einfach eine Mitteilung auf den Bildschirm bringen wollen.

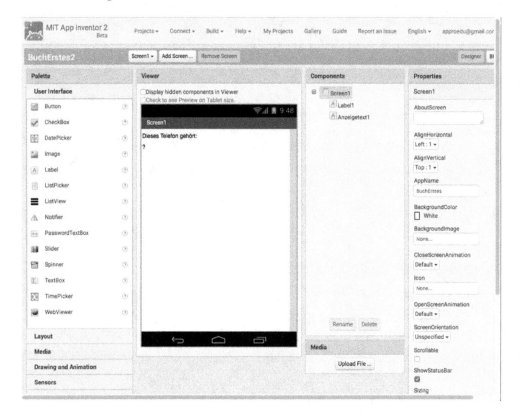

Eine weitere Änderung im Programm nehmen wir vor, indem wir für den Namen eine sogenannte Variable benutzen.

Im Blocks-Editor wählen wir in der linken Spalte (Blocks) das Feld „Variables" an und schieben den Baustein „Initialize global name to" in das Fenster. In dem Baustein ersetzen wir das Wort „name" gegen das Wort „MeinName".

Was haben wir gemacht?

Variablen sind Platzhalter für Daten. Eine Variable hat einen Namen und einen Inhalt.

In unserem Fall soll die Variable „MeinName" heißen. Sie wird mit dem Baustein initialisiert. Das heißt, sie wird im Speicher des Geräts angelegt und ist nun über den

Namen verfügbar. Das Attribut „global" heißt, dass diese Variable überall in der App verfügbar ist (wir kommen später noch einmal darauf zurück).

Als nächstes müssen wir der Variablen einen Inhalt zuweisen. Da sie den Namen des Handybesitzers enthalten soll, muss sie vom Typ Text sein.
Wählen wir nun aus der linken Spalte (Blocks) das Feld „Text", dann wird eine Auswahl von Bausteinen zur Verarbeitung von Texten angeboten.

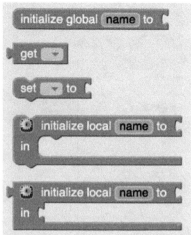

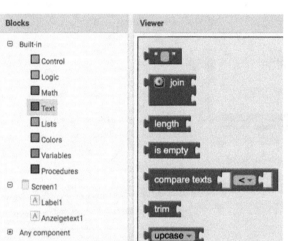

Wir wählen den obersten Baustein mit dem leeren Text aus.

Die Anführungsstriche weisen das Element als Text aus.
Diesen Baustein bewegen wir direkt hinter den Baustein „Initialize global MeinName to", so dass er in diesen einrastet.
Jetzt ist der Variablen „MeinName" der Wert „Chris" zugewiesen.

Diese Variable können wir jetzt benutzen, um sie beim Start des Bildschirms („when Screen1.Initialize") dem Textfeld „Anzeigetext1" zuzuordnen.

Wir sollten diese erste Änderung ausprobieren, indem wir die App ausführen.
In einer weiteren Änderung machen wir die App interaktiv. Wir fügen einen Knopf (*Button*) hinzu.
Dieser wird im Design-Editor aus der linken Spalte in das mittlere Vorschaufenster gezogen. Wie ändern seinen Namen mit „Rename" und geben ihm in der rechten Spalte eine Aufschrift („Wem gehört das Telefon?").

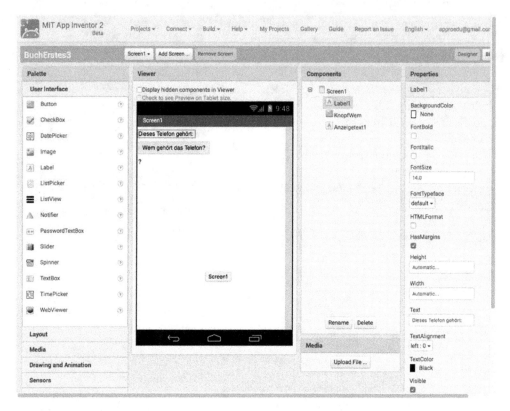

Im Block-Editor wählen wir links den neuen Knopf mit dem Namen „KnopfWem" aus und bekommen Bausteine angeboten, die uns mit Knöpfen arbeiten lassen. Wie wählen den Baustein „when KnopfWem.Click do…" aus und schieben ihn in das Fenster.

Der Baustein „set Anzeigetext1…" aus dem vorigen Baustein „when Screen1.Initialize" wird in diesen neuen Baustein geschoben. Der Baustein zum Initialisieren des Bildschirms kann gelöscht werden.

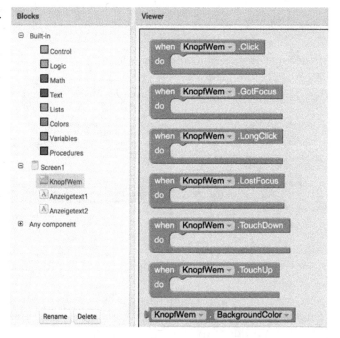

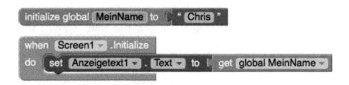

Führen wir die App erst einmal aus!

Nun wird nicht sofort der Name des Besitzers angezeigt, sondern erst, wenn der Knopf mit der Aufschrift „Wem gehört das Telefon?" gedrückt wird.

Die Funktion des Bausteins „when....Click" ist, dass die Anweisung in seinem Inneren ausgeführt wird, wenn der Knopf gedrückt (*click*) wird.

Im nächsten Schritt soll der Benutzer noch ein Bild des Besitzers dieses Telefons gezeigt bekommen.

Dazu schieben wir noch einen weiteren Knopf (*Button*) in das Vorschaufenster und benennen ihn „Bildknopf" mit der Aufschrift „Zeige dein Bild".

Außerdem ziehen wir aus dem linken Menü „Drawing and Animation" ein Element namens „ImageSprite in das Vorschaufenster und nennen es „Bild".

Weiterhin laden wir ein geeignetes Bild im Menü „Media" mit „Upload File" hoch.

Im Dialog dazu werden wir nach einer Bilddatei von unserem Computer gefragt.

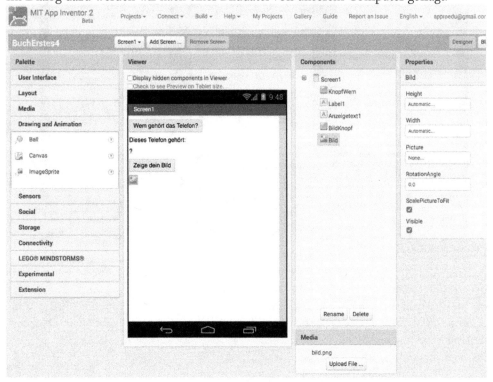

Ist dieses geschehen, so schieben wir im Block-Editor einen Baustein „when BildKnopf.Click do..." in das Fenster.

Die Auswahl des ImageSprite „Bild" bietet uns einen Baustein „set Bild.Picture to..." an, dem wir einen Textbaustein anhängen, in den wir den Namen unserer Bilddatei schreiben.

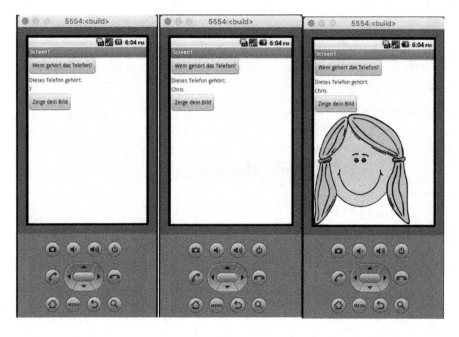

Drückt der Benutzer jetzt auf den ersten Knopf, so wird der Name des Besitzer angezeigt und mit dem Druck auf den zweiten Knopf erscheint das Bild des Benutzers.

Als letzte Verschönerung unserer ersten kleinen App, fügen wir jetzt noch einen netten Hintergrund hinzu.

Im Design-Editor wählen wir Screen1 und können in der rechten Spalte die Hintergrundfarbe und ein Hintergrundbild einstellen (dieses wird ebenfalls erst mit „Upload File" hochgeladen.

Mein Smartphone kann sogar sprechen

Eine letzte Veränderung unserer App soll es noch geben: Wir lassen sie sprechen.
Nachdem wir nun schon einige Veränderungen erfolgreich vorgenommen haben, können wir jetzt etwas weniger kleinschrittig vorgehen.
Zur Sprachausgabe fügen wir im Design-Editor aus der Rubrik Media ein Element TextToSpeech zu.
Im Block-Editor rufen wir mit dem Baustein „call TextToSpeech1.Speak message..." die Sprachausgabe auf. Wir fügen einen Text als „message" an den Baustein. Dieser Text wird beim Aufruf der Methode TextToSpeech ausgegeben. In dem Beispiel verbinden wir einen Text mit dem Inhalt der globalen Variable, die den Namen enthält. Voraussetzung zur korrekten Funktion der App ist, dass unser Android-Gerät Texte sprechen kann, indem z.B. die Google-App Text-to-speech installiert ist.

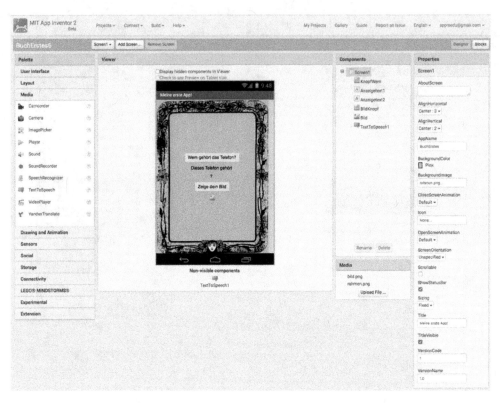

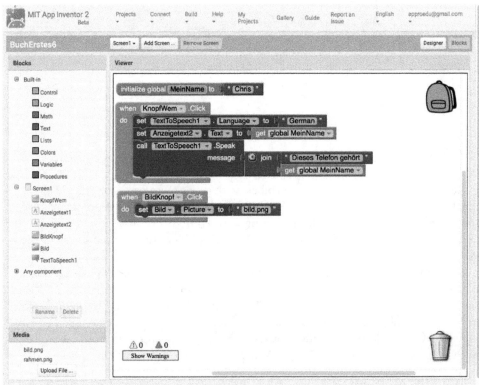

4 DEINE APP REAGIERT AUF EREIGNISSE - KNÖPFE UND TEXTFELDER

Wir erstellen Knöpfe (Buttons) und Labels

Im Folgenden wollen wir eine kleine App erstellen, die mit Knöpfen (*Buttons*) und Texten umzugehen lehrt. Zwei Knöpfe sollen dafür sorgen, dass jeweils in einem Label gemeldet wird, wenn sie gedrückt worden sind und ein weiterer Knopf soll die Textdarstellung wieder löschen.

Dazu ziehen wir nacheinander zwei Elemente vom Typ Button aus der linken Spalte (Palette/User Interface) in das Vorschaufenster (*Viewer*). Danach ziehen wir zwei Elemente vom Typ Label und ein weiteres Element vom Typ Button in das Vorschaufenster.

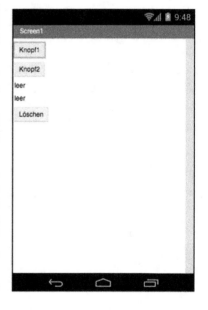

Die Programmierumgebung benennt die Knöpfe automatisch mit Button1 bis Button3 und die Label mit Label1 und Label2. Die Elemente sollten jetzt einfach untereinander im Vorschaufenster stehen.

Wählen wir nun einen Knopf mit der Maus an, so lassen sich in der rechten Spalte dessen Eigenschaften (*Properties*) einstellen.

Klickt man mit der Maus in das Feld „Backgroundcolor", so lässt sich eine Hintergrundfarbe für den Knopf auswählen.

Der Wahlschalter „Enabled" sollte angewählt sein, damit der Knopf vom Benutzer bedient werden kann. Mit den Wahlschaltern „FontBold" und „FontItalic" lässt sich der Text auf dem Button als Fettdruck oder schräggestellt auswählen. „FontSize" und „FontTypeface" beeinflussen die Schriftgröße und die Schriftart.

Mit „Heigth" und „Width" lässt sich die Größe des Knopfes (Höhe und Breite) einstellen.

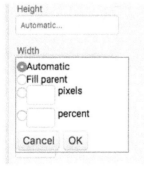

Normalerweise benutzen wir „Automatic". Es kann aber auch mit „Fill Parent" dafür gesorgt werden, dass die ganze Höhe oder Breite des zur Verfügung stehenden Platzes des Bildschirms (beziehungsweise später des jeweiligen Layouts) verwendet wird. Auch lässt sich die Größe durch Angabe der Pixel oder prozentual zum Verfügung stehenden Platz einstellen.

Der Wahlschalter „ShowFeedback" beeinflusst die Animation des Knopfes, wenn er gedrückt wird.

In dem Feld Text geben wir die Aufschrift auf dem Knopf an, die wir linksbündig, zentriert oder rechtsbündig (im Auswahlfeld „TextAlignment") einstellen. Mit der Auswahl „TextColor" wird die Textfarbe eingestellt und durch den Wahlschalter „Visible" dafür gesorgt, dass der Knopf sichtbar ist (die Sichtbarkeit kann z.B. auch vom Programm beeinflusst werden).

Der Name des Knopfes (z.B. Button1) ist für den Benutzer unserer App nicht sichtbar. Aber für unser Programm (im Block-Editor) ist es manchmal hilfreich, wenn dieser Name die Funktion des Knopfes beschreibt. Dafür können wir mit dem Knopf „Rename" den Namen des Elements ändern. Sollte ein Element versehentlich erzeugt worden sein oder nicht mehr gebraucht werden, so können wir es mittels Delete löschen. Aber Vorsicht: alle mit dem Element verbundenen Programmblöcke werden mitgelöscht.

Die Eigenschaften (*Properties*) unserer Label können wir sehr ähnlich bearbeiten, indem wir mit der Maus das jeweilige Label anwählen.

Bevor wir weitermachen, sollten wir die verschiedenen Eigenschaften einfach einmal einstellen und verändern.

Nun aber zu den sogenannten **Ereignissen** (*Events*):

Alle Apps reagieren auf Ereignisse. Das bedeutet, dass eine App so programmiert ist, dass sie darauf wartet, dass Ereignisse auftreten.

Die üblichen Ereignisse sind solche, die der Benutzer der App auslöst. Meistens werden irgendwelche Knöpfe gedrückt oder Eingaben in Textfelder gemacht. Eine Smartphone-App wird ja nicht wie Computerprogramme mit der Maus bedient, sondern mit dem Finger oder einem Stift.

Mit diesem Eingabewerkzeug wird auf Knöpfe gedrückt oder die virtuelle Tastatur bedient. Es können mit dem Finger aber auch Gesten ausgeführt werden, wie Schieben, Vergrößern, Klicken, Doppelklicken und viele mehr.

Weitere Ereignisse, auf die eine App reagieren könnte, sind Veränderung des Standorts (mit dem LocationSensor), Schütteln des Smartphones (mit dem AccelerometerSensor), sowie viele weitere Ereignisse, die durch die Sensoren des Smartphones ausgelöst werden. Es gibt auch Ereignisse, die durch den Start einer App oder durch Fehler ausgelöst werden. Auf einige der möglichen Ereignisse werden wir noch eingehen.

Fülle die Textfelder durch Knopfereignisse

Jetzt wollen wir erst einmal auf die Ereignisse eingehen, die durch den Druck auf einen Knopf ausgelöst werden. Dazu wechseln wir in das Programmfenster Blocks und bauen die folgenden Blöcke zusammen:

Dazu holen wir uns durch Auswahl der jeweiligen Knöpfe (Button1 bis Button3) die Blöcke „when Button.Click...do" in das Fenster. Danach holen wir aus der Auswahl der beiden Label die Blöcke „set Label.Text to..." und schieben sie in die Blöcke der Knöpfe. Zum Schluss wählen wir aus der Auswahl Text die Blöcke für den Text und füllen sie mit den jeweiligen Texten.

Was haben wir damit gemacht?

Der Block „when Button1.Click...do" bewirkt, dass der Button1 auf das Ereignis Click reagiert und den oder die Blöcke ausführt, die er umklammert. So wird beim Druck auf Button1 die Anweisung ausgeführt: Setze den Text von Label1 auf den Wert im folgenden Textblock. Führen wir die App aus!

Wir fügen Textfelder hinzu

Bisher habe wir Elemente vom Typ Label verwendet, um Text auszugeben. Das ist auch gut so, wenn man Text einfach nur darstellen will.

Eine andere Möglichkeit ist, Elemente vom Typ Textbox zu verwenden.

Dazu löschen wir in unserem Viewer Fenster die Labels und setzen dafür Elemente vom Typ Textbox ein (oder wir erstellen eine neue App für diese Änderung).

Bei den Eigenschaften dieser Elemente fällt auf, dass es noch die Möglichkeit gibt, „MultiLine" und „NumbersOnly" auszuwählen. Damit ist es möglich, die Textbox so einzustellen, dass sie für mehrzeiligen Text vorgesehen ist oder nur für die Darstellung von Zahlen.

Im Feld „Hint" kann ein Hinweis für den Benutzer angegeben werden (z.B. „bitte Namen eingeben"), der nur dargestellt wird, solange die Textbox noch leer ist.

Im Feld „Text" kann der Textbox ein voreingestellter Text gegeben werden.

Im Block-Editor sieht es fast genauso aus wie in der vorigen App. Nur die Bausteine zum Füllen der Textboxen müssen angepasst werden.

Worin liegt nun der Unterschied zur vorigen App?

Scheinbar gibt es keinen.

Auch in dieser App wird durch Druck auf die Knöpfe Text ausgegeben. Allerdings wird dieser Text nicht in Labels, sondern in Textboxen dargestellt.

Aus der Sicht des Benutzers unserer App macht das den Unterschied aus.

Ein Label ist einfach ein angezeigter Text, der vom Benutzer nicht änderbar ist.

Den Text in einer Textbox dagegen kann der Benutzer ändern.

Wir sollten das ausprobieren!

Lassen wir den Benutzer doch einmal einen Text eingeben, den wir danach in Großbuchstaben wieder ausgeben.

Dazu erzeugen wir ein Label, das den Benutzer auffordert, Text einzugeben. Darunter die Textbox für die Eingabe des Textes.

Weiterhin einen Knopf, der die Umwandlung starten soll und eine Textbox zur Ausgabe des umgewandelten Textes.

Zu guter Letzt fügen wir einen Knopf zum Löschen der Textboxen zu.

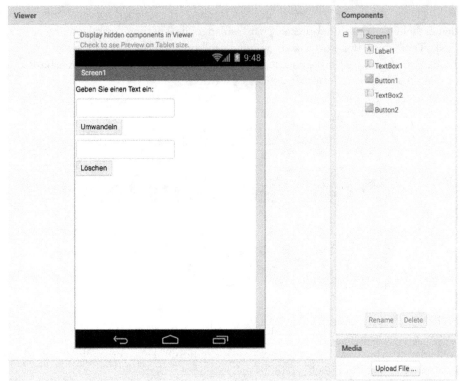

Im Block-Editor erzeugen wir zwei globale Variablen, welche die beiden Texte verwalten sollen. Diese Variablen füllen wir vorerst mit leerem Text.

Beim Druck auf den Knopf Button1 wird der Variablen ZweiterText mit „set global ZweiterText to..." der Inhalt der Textbox1 („TextBox1.Text") zugewiesen, indem er vorher mit der Methode (Anweisung) „upcase" in Großbuchstaben gewandelt wird. Anschließend wird die zweite Textbox mit dem Inhalt der Variablen gefüllt. Dazu wird mit „set TextBox2.Text to..." der angehängte Text eingesetzt. Dieser wird mittels „get global ZweiterText" aus der Variablen ZweiterText geholt.

Mit dem Knopf Button2 werden wieder beide Textboxen gelöscht, indem sie mit einem leeren Text gefüllt werden.

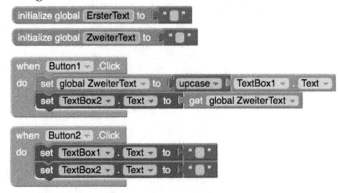

Im folgenden Kapitel werden wir uns noch etwas genauer mit Variablen beschäftigen.

5 DEINE APP ARBEITET MIT VERSCHIEDENEN ARTEN VON DATEN – VARIABLEN

Was sind Variablen?

Eine Variable ist ein Platzhalter für irgendwelche Daten, mit denen die App arbeitet.
Eine **Variable** hat einen **Namen**, einen **Typ** und einen **Inhalt**.
Um mit Variablen zu arbeiten, wählen wir im Block-Editor in der linken Spalte Variables aus.

Der Name der Variablen wird vergeben, indem wir den Baustein „Initialize global name to..." in das Fenster ziehen. Den Namen unserer neuen Variable können wir durch Editieren ändern.
Damit wird eine neue Variable mit dem gewählten Namen erzeugt und steht ab jetzt zur Verfügung. Der Bezeichner „global" bedeutet, dass es sich um eine globale Variable handelt, die innerhalb des gesamten aktuellen Fensters (*Screen*) gültig ist.

Wir werden in geeignetem Zusammenhang noch lokale Variablen kennenlernen.
Der Begriff Initialisieren bedeutet, dass die Variable im Speicher angelegt wird. Es muss allerdings noch ein Anfangswert für die Variable angegeben werden. Dies geschieht, indem ein entsprechender Baustein mit z.B. einem Text oder einer Zahl angefügt wird. Wir haben das in den vorhergehenden Apps schon mehrfach gemacht.
Damit hat dann die Variable einen Wert, den wir auslesen (benutzen) können oder den wir verändern (überschreiben) können.
Der Typ der Variable ergibt sich aus dem Wert, der beim Erzeugen zugewiesen wird. Ist dies z.B. ein Text, so handelt es sich im Folgenden bei der Variablen um eine Textvariable.
Die beiden Methoden (Anweisungen), die wir mit Variablen benutzen können sind:
„get Variablenname": Damit lesen wir den Inhalt der entsprechenden Variablen.
„set Variablenname to...": Damit schreiben wir einen neuen Wert in die Variable. Dieser Wert wird mit einem entsprechenden Baustein angehängt.

Zahlen

Variablen vom Typ Zahl können wir Zahlenwerte und auch Ergebnisse von Berechnungen zuweisen.
Im Programmierfenster Blocks finden wir unter „Math" in der linken Spalte als erstes einen Baustein, mit dem wir eine feste Zahl festlegen können.

Dies kann eine ganze Zahl sein, wie auch eine Dezimalzahl. Aber Achtung: Dezimalzahlen werden nicht mit einem Komma, sondern mit einem Dezimalpunkt dargestellt.

Weiterhin gibt es eine Reihe von Rechenoperationen, die wir benutzen können.
Im Bild sind erst einmal nur die Grundrechenarten und das Potenzieren dargestellt.
Auch eine Abfrage auf Gleichheit, Ungleichheit, sowie Größer- und Kleiner-Beziehungen wird angeboten. In die jeweiligen freien Felder der Bausteine für Rechenoperationen werden entweder feste Zahlenwerte oder die Werte von Zahlenvariablen (mit „get global Variablenname") eingesetzt.
Sehen wir uns ein kleines Beispiel an. In einer Textbox wird eine Zahl vom Benutzer eingegeben. Drückt er auf den Knopf mit der Aufschrift „Verdoppeln", so wird in der unteren Textbox der doppelte Wert angezeigt.

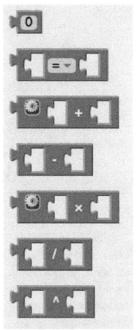

Wir sollten uns nicht davon irritieren lassen, dass auch Zahlen in Textboxen dargestellt werden. Leider sieht es etwas merkwürdig aus, dass wir mit „set TextBox2.Text to…" eine Zahl zuweisen, obwohl in dem Baustein „Text" angegeben ist.

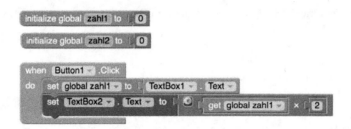

Testen wir die App, dann stellen wir fest, dass tatsächlich die eingegebene Zahl verdoppelt wird.

Wenn wir allerdings einen Text in die erste TextBox eingeben, so erleben wir, dass unsere App einen Fehler anzeigt.

Das ist auch korrekt, denn mit einem Text können wir nicht rechnen.

Eine elegante Lösung ist es, in den Eigenschaften (*Properties*) der Textboxen anzuklicken „Numbers only". Dann wird dem Benutzer nur eine Eingabetatstatur angeboten, mit der sich Zahlen eingeben lassen.

Problem gelöst.

Auf die weiteren Rechenoperationen, die hier möglich sind, gehen wir später noch ein.

Texte

Kommen wir zum nächsten Variablentyp: Textvariablen.

Typisch für den Typ Text ist, dass die Daten von diesem Typ in doppelten Anführungszeichen eingeschlossen werden.

Im Block-Editor können wir einige verschiedene Bausteine verwenden. So ist der erste Baustein einer, mit dem wir Textkonstanten definieren können. Wird dieser Baustein in das Programmfenster gezogen, so kann er verwendet werden, um z.B. einer Variablen oder einer Textbox einen Text zuzuweisen. Zwischen die Anführungszeichen wird der Text geschrieben. Natürlich kann die Textkonstante auch leer bleiben.

Der zweite Baustein „join" wird auch sehr häufig benutzt. Mit diesem Baustein lassen sich zwei (oder mehrere) Texte zu einem neuen Text zusammenfügen, indem sie direkt hintereinander gehängt werden.

Weiterhin gibt es einen Baustein zum Ermitteln der Länge eines Textes „length", der eine ganze Zahl (Anzahl der aktuellen Zeichen) zurückgibt, einen Baustein, der abfragt, ob der nachfolgende Text leer ist „is empty" und einen Baustein, der zwei Texte miteinander vergleicht „compare texts ...<...", um festzustellen, ob der erste Text bezüglich des zweiten Textes gleich oder in der alphabetischen Sortierung größer oder kleiner ist.

Mit „trim" kann ein Text von Leerstellen vor und hinter den Zeichen befreit werden und mit „upcase" oder „downcase" wird ein Text komplett in Groß- oder Kleinbuchstaben gewandelt. Dabei kann, wie im Baustein „compare texts" in dem Auswahlfensterchen die entsprechende Funktion gewählt werden.

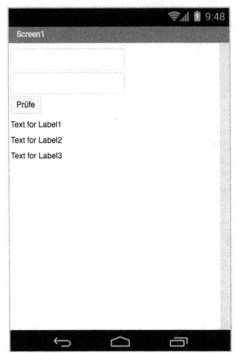

Hier ist nur ein kleiner Ausschnitt der zur Verfügung stehenden Bausteine gezeigt. Für die Textverarbeitung gibt es deutlich mehr Bausteine.

Was ein Baustein bewirkt, erfährt man, indem man mit der Maus in der Bausteinauswahl leicht über den Baustein fährt. Dann zeigt ein kleines Hinweisfenster, was der Baustein macht.

Wir testen nun ein paar grundlegende Textfunktionen mit einer kleinen App.

Dazu werden zwei Textboxen, ein Knopf und drei Labels erzeugt.

Nun wechseln wir in den Block-Editor und bauen die folgenden Bausteine zusammen.

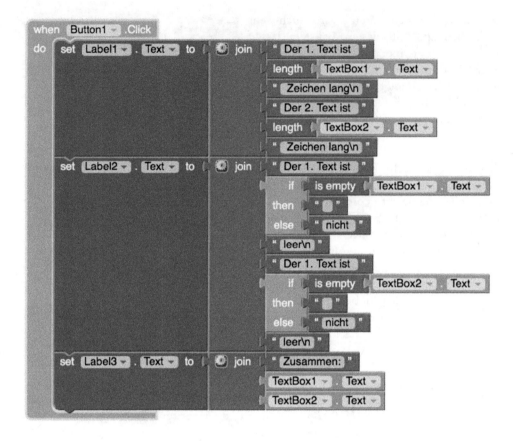

Mit dem Baustein „join" können nicht nur zwei Texte miteinander verknüpft werden, sondern auch mehrere. Dazu wird mit der Maus in das kleine Zahnradsymbol gegangen und es öffnet sich ein Hilfsdialog.

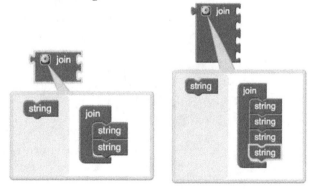

Ziehen wir einen Baustein „string" in den Baustein „join", so wird damit festgelegt, dass ein weiterer Text angehängt wird.

Bei einem Tastendruck auf den Knopf „Button1" sollen also die folgenden drei Operationen ausgeführt werden: Der Text des Labes „Label1" erhält einen Text, in dem dargestellt wird, wie lang die beiden Texte der TextBox1 und TextBox2 sind. Der dargestellte Text wird aus den sechs Bausteinen zusammengefügt („join"). Das Zeichen \n wird in einem Text benutzt, um einen Zeilensprung einzufügen.

Weiterhin wird im Label2 dargestellt, ob die Texte in der TextBox1 und der TextBox2 leer sind oder nicht. Hierzu greifen wir auf die logische Operation „if...then...else..." vor. Wenn die Aussage der ersten Bausteins nach „if" wahr ist, so wird der Baustein nach „then" benutzt, andernfalls der Baustein nach „else".

Zuletzt wird in Label3 der zusammengesetzte Text aus TextBox1 und TextBox2 ausgegeben.

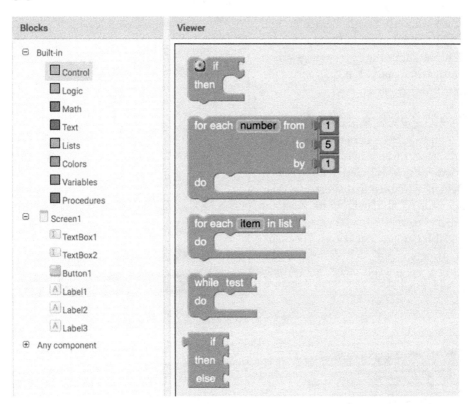

Logische Daten

Ein weiterer Datentyp sind die logischen Daten (in anderen Programmiersprachen auch boolean genannt). Sie kennen nur zwei Werte wahr (*true*) und falsch (*false*).

Außerdem kann man logische Variablen verneinen, d.h. den Wahrheitswert umkehren, indem man den Baustein „not" voranstellt.

Es kann die Gleichheit und Ungleichheit zweier logischer Variablen ermittelt werden und zwei logische Daten können mit den Operatoren UND (and) und ODER (or) verknüpft werden.

35

Die UND-Verknüpfung ergibt nur wahr, wenn beide Daten wahr sind. Die ODER-Verknüpfung ergibt wahr, wenn mindestens eines der Datenelemente wahr ist.

Erstellen wir ein kleines Beispiel:
Dazu benutzen wir zwei Elemente vom Typ Checkbox. Über diesen Checkbox-Elementen platzieren wir jeweils ein Label zur Erklärung.
Mit zwei weiteren Label-Elementen soll das Ergebnis der UND- sowie der ODER-Verknüpfung ausgegeben werden. Mit dem Knopf wird die Überprüfung gestartet.

Wir definieren zwei Variablen (aussage1 und aussage2), denen wir den Wahrheitswert true vorgeben.
Mit dem Druck auf den Knopf sollen die beiden Variablen den Wert true oder false erhalten, abhängig vom Zustand der Checkboxen.
Die Abfrage „CheckBox1.Checked" ergibt true, wenn der Benutzer die Checkbox angewählt hat, andernfalls false.

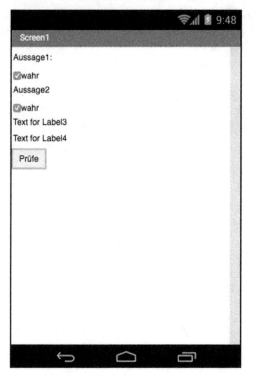

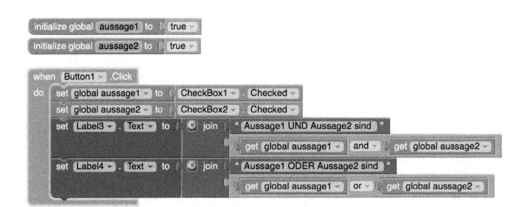

Wir sollten nun die kleine App testen und vielleicht ein wenig mit Veränderungen spielen.

Variablen setzen und auslesen

Wie schon in den vorigen Beispielen gesehen, können wir mit den Werten (Inhalten) der Variablen arbeiten.

Mit dem Baustein „set variable to..." wird einer Variablen ein Wert zugewiesen und mit „get variable" erhalten wir den Inhalt der Variable.

In dem kleinen Auswahlfeld dieser Bausteine lässt sich der Variablenname aus einer Liste aller verfügbaren Variablen auswählen.

In einem kleinen Beispiel sollen die Inhalte zweier Textboxen (natürlich mit der Eigenschaft „Numbers Only") zwei Variablen zugewiesen werden.

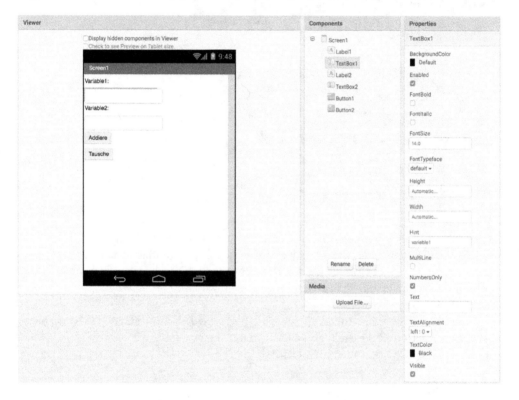

Ein Knopf „Addiere" soll beide Variablen addieren und das Ergebnis der Addition der ersten Variablen zuweisen. Die zweite Variable soll anschließend auf Null gesetzt werden.

Mit einem zweiten Knopf „Tausche" sollen die Inhalte der Variablen miteinander getauscht werden.

Die Ergebnisse der Operationen sollen jeweils in den Textboxen dargestellt werden.

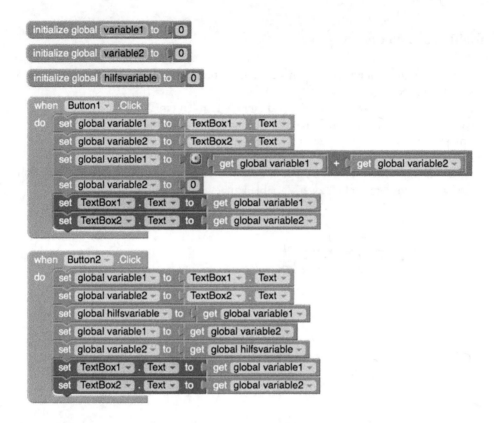

Bei dem Tausch der Variableninhalte ist eine Besonderheit zu beachten.

Würden wir die Bausteine „set global variable1to…", „get global variable2" und „set global variable2to…" „get global variable1" verwenden, so ergäbe sich ein Problem. Da variable1 schon im ersten Schritt den Inhalt von variable2 erhalten hat, ist der alte Inhalt von variable1 verloren.

Also müssen wir den Inhalt von variable1 vorher in einer Hilfsvariablen zwischenspeichern und diesen Wert später variable 2 zuweisen.

Man nennt diese Methode auch „Dreieckstausch".

Globale und lokale Variablen

In der Regel verwenden wir globale Variablen. Sie sind einmal definiert und können in allen Blöcken unseres Programmierfensters verwendet werden.

Aber Vorsicht:

Globale Variablen sind im AppInventor2 nicht ganz so global, wie wir vielleicht denken könnten. Sie gelten nämlich nur innerhalb eines sogenannten Screens, d.h. innerhalb des aktuellen Bildschirms.

Will man Daten zwischen mehreren Bildschirmen austauschen, so müssen wir uns eines später beschriebenen Hilfsmittels bedienen: TinyDB.

Mit den Bausteinen für lokale Variablen ist es möglich, Variablen zu deklarieren, die nur innerhalb der in diesem Baustein befindlichen Blöcken gelten.

6   DEINE APP WIEDERHOLT SICH - DIE SCHLEIFEN

Die Zählschleife

Mit einer Zählschleife *(for-loop)* werden eine oder mehrere Anweisungen wiederholt ausgeführt. Ein Zähler wird dazu auf einen Anfangswert gesetzt und bei jedem Schleifendurchlauf um einen bestimmten Wert hochgezählt, solange er noch nicht den Endwert erreicht hat.

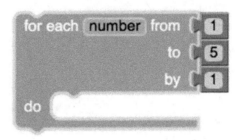

In diesem Fall wird der Zähler namens number (eine lokale Variable, deren Namen wir ändern können) auf den Anfangswert 1 *(from)* gesetzt. Die Schleife läuft, bis der Wert 5 *(to)* erreicht ist. Der Zähler wird bei jedem Schleifendurchlauf um 1 *(by)* erhöht.
Die Schleife darf auch rückwärts zählen. Dann muss der erste Wert größer sein als der Endwert und die Schrittweite muss negativ sein.

Ein kleines Beispiel:
Wir lassen eine Schleife vorwärts von 1 bis 20 zählen, wenn der Knopf „vor" gedrückt wird und rückwärts von 20 bis 1, wenn der Knopf „zurück" gedrückt wird.
In einem Label werden die Zahlen untereinander in eine Ausgabevariable „ausgabe" ausgegeben, indem nach jeder Zahl das Steuerzeichen \n für den Zeilensprung mit in den Ausgabetext angefügt wird.

In unserem Beispiel wird die lokale Variable number selber zur Ausgabe verwendet.
Vorsicht! Die lokale Zählvariable sollte nicht von den Anweisungen geändert werden. Dies widerspricht dem Sinn der Schleife, die ja genau vorgibt, wie die Variable hoch- oder runtergezählt wird.
In den folgenden Blöcken werden zwei verschiedene Methoden verwendet, um die Ausgabe um die jeweilige Zählvariable zu erhöhen. Im ersten Block nehmen wir eine globale Variable, die wir in der Schleife jeweils ergänzen und dann in der Textbox ausgeben. Im letzten Block ergänzen wir den Inhalt der Textbox selber um die jeweilige Zählvariable. Beide Methoden können je nach Anwendung ihren Sinn haben.

```
initialize global [ ausgabe ] to [ " [ ] "

when [ ButtonVor ▾ ] .Click
do    set [ global ausgabe ▾ ] to [ " [ ] "
      set [ Label1 ▾ ] . [ Text ▾ ] to [ " [ ] "
      for each [ number ] from [ 1 ]
                          to [ 20 ]
                          by [ 1 ]
      do    set [ global ausgabe ▾ ] to [ ⚙ join [ get [ global ausgabe ▾ ]
                                                  [ " \n " ]
                                                  get [ number ▾ ]
      set [ Label1 ▾ ] . [ Text ▾ ] to [ get [ global ausgabe ▾ ]

when [ ButtonZurueck ▾ ] .Click
do    set [ Label1 ▾ ] . [ Text ▾ ] to [ " [ ] "
      for each [ number ] from [ 20 ]
                          to [ 1 ]
                          by [ -1 ]
      do    set [ Label1 ▾ ] . [ Text ▾ ] to [ ⚙ join [ Label1 ▾ ] . [ Text ▾ ]
                                                      [ " \n " ]
                                                      get [ number ▾ ]
```

Die Solange-Schleife (while)

Ein weiterer Schleifentyp, der häufig verwendet wird und den man aus vielen anderen
Programmiersprachen kennt, ist die Solange-Schleife (*while loop*).
Sie wird ebenfalls verwendet, wenn eine oder mehrere Anweisungen mehrfach
ausgeführt werden. Im Gegensatz zu der Zählschleife muss aber nicht von vornherein
klar sein, wie oft die Schleife ausgeführt werden soll.
Vielmehr kann sich während der Ausführung der Schleife die Bedingung zur
nochmaligen Ausführung ändern.

Dies wird oft verwendet, wenn sich ein Zahlenwert durch eine wiederholte Berechnung ändern soll und damit eine Berechnung zum Abschluss kommen soll.

An dieser Stelle soll keine mathematische Aufgabe gelöst werden, sondern vielmehr ein einfaches Beispiel die Funktion der Schleife erklären.

Dazu erstellen wir eine App, in die zwei Zahlenwerte eingegeben werden können und die dann mit dem Druck auf den Knopf Start die Summe aller Zahlen von dem ersten bis zum zweiten Zahlenwert berechnet und ausgibt.

Wir wollen einfach davon ausgehen, dass der Benutzer tatsächlich in der ersten Textbox die kleinere Zahl eingibt. Wenn wir später die bedingten Anweisungen behandeln (*if*), dann können wir die App damit auch noch gegen Falscheingabe sichern.

Wir definieren eine Variable als Zähler. Mit ihr wird von der ersten bis zur zweiten Zahl (aus den Textboxen) hochgezählt.

Die Variable Summe verwenden wir, um alle Zahlen aufzusummieren.

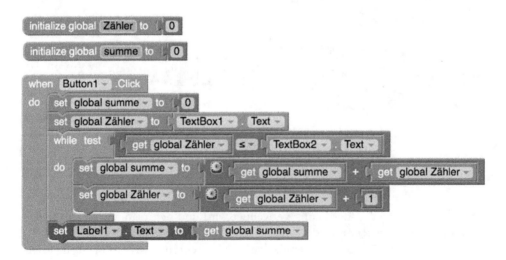

Die Schleife führt solange die in ihr zusammengefassten Anweisungen (Bausteine) aus, wie die Bedingung nach „test" wahr ist. Das bedeutet, die Bedingung wird **vor** jeder Ausführung der Anweisungen getestet und ein weiterer Schleifendurchgang nur gestartet, wenn die Bedingung wahr ist.

In unserem Beispiel ist das der Fall, wenn die Variable Zähler kleiner oder gleich dem Zahlenwert in der TextBox2 ist.

Vorsicht! Ganz leicht kann es vorkommen, dass eine Schleife unbedacht „unendlich" läuft. Dies passiert, wenn die Bedingung nie falsch wird.

Natürlich läuft keine App unendlich. Vielmehr kommt es zu einem schwerwiegenden Fehler, wenn der zur Verfügung stehende Speicher voll ist.

Als kleine Übung könnte man die vorherige App mit der Zählschleife einmal anders schreiben, indem wir eine Solange-Schleife verwenden. In dem Fall müssten wir die Zählvariable selber verwalten.

Es gibt noch weitere Schleifentypen, die allerdings spezielleren Anwendungsgebieten dienen. Ein Mausklick auf den Schleifentyp im Angebot „Controls" im Programmierfenster Blocks gibt Hinweise auf die Verwendung.

7 DEINE APP MUSS SICH ENTSCHEIDEN - BEDINGTE ANWEISUNGEN

Wenn...Dann...

Schon in vorhergehenden Beispielen haben wir bedingte Anweisungen verwendet. Man nutzt sie, wenn die Ausführung von Anweisungen (einer oder mehrere Bausteine) abhängig sein soll von einer Bedingung.
Die Bedingung ist eine logische Aussage (oder Variable) die wahr oder falsch sein kann.
Der Wahrheitswert der Aussage wird durch den Programmverlauf bestimmt.

Neben dem „if" wird die Bedingung verankert, die überprüft werden soll und bei „then" fügen wir die Anweisung oder die Anweisungen ein, die ausgeführt werden sollen, wenn die Bedingung wahr (*true*) ist. Oft ist die Bedingung ein Vergleich zweier Werte oder Variablen, der einen entsprechenden Wahrheitswert als Ergebnis hat.
Es kann aber auch eine logische Variable sein, die im Programmverlauf den Wert true oder false erhält, um die Ausführung der Anweisungen zu beeinflussen.
Eine solche Variable wird in der Fachliteratur übrigens *flag* (Flagge) genannt.
Wenn die Bedingung nicht wahr ist, wird keine der Anweisungen innerhalb des Bausteins ausgeführt und es geht hinter dem Baustein weiter.
Erstellen wir eine kleine App, die prüfen soll, ob der eingegebene Benutzername mit dem gespeicherten Benutzernamen (hier Chris) übereinstimmt.

Dazu erstellen wir eine Variable für den Benutzernamen und setzen den Wert auf „Chris".
Wenn der Knopf „Prüfe" gedrückt wird, so prüfen wir mittels *if*, ob der Wert der Textbox gleich dem Wert der Variablen ist.

```
initialize global  name  to    " Chris "

when  Button1    .Click
do      if        compare texts    TextBox1    . Text    = ▾    get global name
        then    set  Label2 ▾ . Text ▾  to     " Du bist der Besitzer "
```

Sind beide gleich, so wird der Text "Du bist der Besitzer" in dem Label ausgegeben.
Etwas unschön ist, dass der Name korrekt mit Groß- und Kleinbuchstaben geschrieben werden muss.
Wenn wir in der Abfrage sowohl den Inhalt der Textbox, wie auch den Wert der Variablen in Großbuchstaben wandeln, dann ist die Schreibweise egal:

```
initialize global  name  to    " Chris "

when  Button1 ▾  .Click
do      if        compare texts    upcase ▾   TextBox1 ▾ . Text ▾   = ▾   upcase ▾   get global name ▾
        then    set  Label2 ▾ . Text ▾  to     " Du bist der Besitzer "
```

Wenn...Dann...Andernfalls

Im vorigen Beispiel wird nur eine Ausgabe vorgenommen, wenn die Bedingung wahr ist. Wollen wir zusätzlich eine weitere Ausgabe machen, wenn die Bedingung nicht wahr ist, so bedienen wir uns der zweiseitigen Verzweigung.
Im Werkzeugkasten des Block-Editors finden wir unter Controls nur if...then.
Klicken wir das Zahnrad in dem Baustein an, so erhalten wir die Möglichkeit ein *else* (andernfalls) in den Baustein einzufügen.

Damit erweitert sich der Baustein zu if...then...else.
Wie schon bei der einseitigen bedingten Anweisung wird die Bedingung bei *if* angefügt.
Jetzt haben wir aber zwei Möglichkeiten, Anweisungen einzufügen: Hinter *then* und hinter *else*.

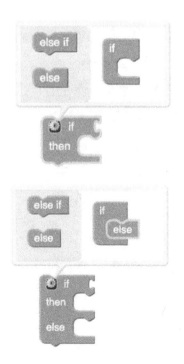

So ist es möglich, die Anweisungen hinter *then* auszuführen, wenn die Bedingung wahr ist und die Anweisungen hinter *else*, wenn die Bedingung nicht wahr ist, also andernfalls (*else*).

Erweitern wir unsere kleine App aus dem vorigen Beispiel, indem wir ausgeben „Du bist nicht der Besitzer", wenn ein falscher Name eingegeben wurde.

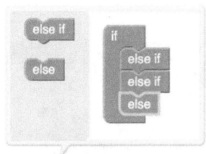

Wir können übrigens mit dem Baustein für die bedingten Anweisungen noch sehr viel komplexere Strukturen schaffen.

Der Klick auf das Zahnradsymbol lässt uns z.B. komplex verschachtelte bedingte Anweisungen entwickeln. Bei jedem „else if" werden weitere Bedingungen geprüft, wenn die vorherige Bedingung falsch ist.

8 LASS UNS ETWAS RECHNEN – RECHENBEFEHLE

Die Rechenbefehle

Natürlich bietet AppInventor2 auch Rechenbefehle an. Sie sind alle unter dem Stichwort Math im Werkzeugbereich des Block-Editors zu finden.

Da ist als erstes die Definition eines Zahlenwertes und der Vergleich zweier Zahlenwerte (Variablen und/oder Konstanten).

Weiterhin gibt es die Addition, Subtraktion, Multiplikation, Division und Potenz.

Bei der Addition und Multiplikation lassen sich auch mehr als zwei Argumente verbinden (mit dem Zahnradsymbol).

Weiterhin können ganzzahlige Zufallszahlen zwischen zwei Grenzen („random intereger from...to..."), sowie dezimale Zufallszahlen zwischen 0 und 1 („random fraction") erzeugt werden. Mit „random set seed to..." können immer die selben Zufallszahlen erzeugt werden.

Mit min kann die kleinere der beiden Zahlen (oder mehrerer Zahlen) ermittelt werden. Die Quadratwurzel wird mit „square root", der Absolutwert mit absolute und die negierte Zahl mit „neg" berechnet und als Ergebnis ausgegeben.

Mit „round" wird gerundet, mit „ceiling" die nächstkleinere und mit „floor" die nächstgrößere ganze Zahl ermittelt.

Der ganzzahlige Rest beim Teilen der ersten Zahl durch die zweite Zahl wird mit „modulo of ... + ..." ermittelt.

Die Winkelfunktionen „sin", „cos", „tan" und „atan" sind ebenfalls vorhanden.

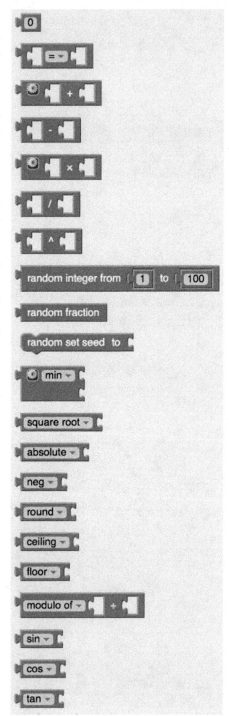

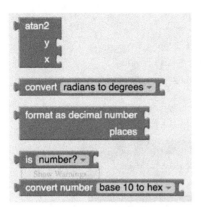

Es lassen sich Winkel von Grad in Radian und umgekehrt wandeln. Dezimalzahlen können mit einer bestimmten Genauigkeit („places") hinter dem Dezimalpunkt eingestellt werden.

Und es kann abgefragt werden, ob es sich bei einem Wert um eine Zahl (oder um eine bestimmte Zahldarstellung) handelt.

Zu guter Letzt gibt es eine Umwandlungsroutine für verschiedene Zahlformate (dezimal zu hexadezimal und ähnliches).

Ein Beispiel - Zahlenraten

Wir entwickeln jetzt einmal ein kleines Zahlenratespiel.

Es soll eine Zufallszahl zwischen 1 und 100 geraten werden.

Der Benutzer gibt in der Textbox eine Zahl ein, drückt auf den Knopf Prüfen und erhält einen Hinweis im Label, ob die Zahl geraten, zu groß oder zu klein ist.

Dies kann er immer wieder versuchen. Soll eine neue Zufallszahl für das Spiel erzeugt werden, so drückt der Benutzer den Knopf Neue Zahl.

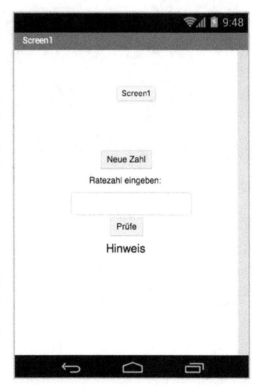

Wir erzeugen eine Variable ratezahl für die Speicherung der Zufallszahl, eine Variable versuch für den Rateversuch des Benutzers und eine logische Variable geraten, die wahr wird, wenn die Zahl geraten wurde, andernfalls bleibt sie falsch.

```
initialize global ratezahl to   0

initialize global versuch to    0

initialize global geraten to    false

when  Screen1 ▾  .Initialize
do   set global ratezahl ▾ to    random integer from    1   to   100

when  Button1 ▾  .Click
do   set global ratezahl ▾ to    random integer from    1   to   100

when  Button2 ▾  .Click
do   set global versuch ▾ to    TextBox1 ▾ . Text ▾
     if     get global versuch ▾  = ▾   get global ratezahl ▾
     then   set global geraten ▾ to    true ▾
            set Label1 ▾ . Text ▾ to    " geraten "
     else   if     get global versuch ▾  < ▾   get global ratezahl ▾
            then   set Label1 ▾ . Text ▾ to    " zu klein "
            else   set Label1 ▾ . Text ▾ to    " zu groß "
```

Beim Klick auf den Prüfe-Knopf wird die Eingabe in der Textbox in der Variablen versuch gespeichert und anschließend mit der Variablen ratezahl verglichen. Wenn beide gleich sind, wird die Variable geraten auf *true* gesetzt, ansonsten wird ein Hinweis „zu klein" oder „zu groß" ausgegeben.

9 WIR WERDEN DIALOGBEREIT - DIALOGE

Wir machen das Zahlenratespiel etwas komfortabler, indem wir mit Dialogen statt mit Textboxen arbeiten. Dazu ziehen wir ein Element namens „notifier" von der Palette User Interfaces in das Designfenster unserer App.

Ein solches Element wird unterhalb der Bildschirmdarstellung eingeblendet, da es nicht direkt auf dem Bildschirm sichtbar ist. Mit dem Baustein „call Notifier1.showAlert" wird hinter „notice" ein Text angefügt. Dieser wird als Hinweisdialog auf dem Smartphone dargestellt, wenn der Baustein aufgerufen wird.

Notifier1 ist hier der Name, der dem Element vom Typ „notifier" vergeben wurde.

Mit dem Baustein „call Notifier1.showTextDialog" erhalten wir eine noch komfortablere Dialogmöglichkeit mit dem Benutzer.

Es wird ein Dialog eingeblendet, der einen Hinweistext („message") anzeigt, einen Dialogtitel haben kann („title") und vom Benutzer abgebrochen werden kann, wenn bei „cancelable" der Wert *true* angehängt wird.

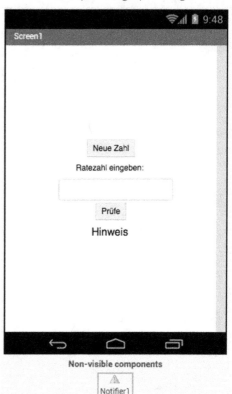

So kann der Benutzer eine Antwort in dem Dialog eintragen und den Dialog mit OK abschließen oder ihn abbrechen.

Doch was passiert mit der Eingabe des Benutzers?

Hier macht sich die Ereignissteuerung unserer Programmierumgebung wieder bemerkbar.

Der Block „when Notifier1.AfterTextInput do..." führt Anweisungen aus, wenn der Benutzer den Dialog beendet hat. Die lokale Variable „response" enthält die Antwort des Benutzers aus dem Dialog.

Auch die Hinweise an den Benutzer geben wir mittels Dialog aus (z.B. „call Notifier1.ShowAlert notice..." gibt einfach einen Hinweis mit dem Inhalt hinter „notice" aus).

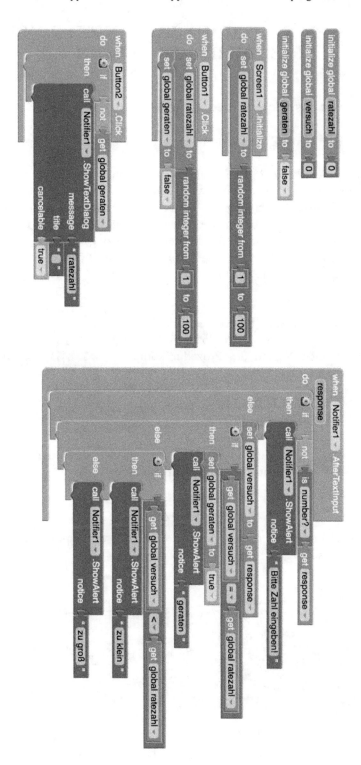

10 WIR FASSEN EINE REIHE VON ANWEISUNGEN ZU PROZEDUREN ZUSAMMEN

Wenn man immer das Gleiche machen will

Es gibt zwei gute Gründe, um sogenannte Prozeduren (und Funktionen) zu verwenden:

Wenn man immer wieder eine Reihe von gleichen Blöcken verwendet, kann man diese natürlich immer wieder in dem Programmierfenster Blocks kopieren und an anderer Stelle wieder einsetzen. Jedoch macht das den Programmtext sehr groß und unübersichtlich. Da ist es oft besser, die entsprechenden Blöcke zu einem Block zusammenzufassen und diesem neuen Block einen Namen zu geben.

Ein Programm gewinnt erheblich an Übersicht, wenn wir Blöcke zusammenfassen, ihnen aussagekräftige Namen geben und sie dann einfach mit diesen neuen Namen benutzen.

Dazu verwenden wir sogenannte Prozeduren (oder Unterprogramme).

Mit dem Baustein „to procedure...do" wird eine Prozedur definiert. Den Namen der Prozedur können wir selber wählen und ändern.

Innerhalb dieses Prozedur-Bausteins werden nun die entsprechenden Bausteine eingefügt, die unter einem Namen zusammengefasst werden sollen.

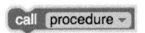
Mit dem Baustein „call procedure" wird die entsprechende Prozedur aufgerufen.

Als kleines Beispiel hier eine Prozedur, die eine Ausgabe verknüpfter Texte in einer Textbox veranlassen soll:

![to ausgabe do set TextBox1.Text to join "Die Werte sind:" get global a "und" get global b]

Die Prozedur wird an den geeigneten Stellen einfach mit „call ausgabe" aufgerufen (d.h. als Baustein eingefügt) und führt dort die in ihr enthaltenen Bausteine aus.

Die oben genannte Prozedur führt einfach einen oder mehrere Bausteine aus.

Eine weitere Art der Prozedur kann auch ein Ergebnis zurückgeben.
Genau genommen müsste eine solche Konstruktion Funktion heißen.

Der Baustein sieht nun etwas anders aus. In die
Aussparung neben „result" wird jetzt ein Baustein
eingefügt, der einen Wert enthält. Dieser Wert wird
beim Aufruf der Prozedur zurückgegeben.

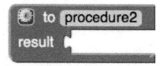

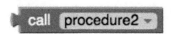

Der Aufruf wird mit dem entsprechenden Baustein
„call procedure" durchgeführt. Der Unterschied zum
vorherigen „call"-Baustein liegt in der Form. Dieser
Baustein muss einem anderen zugewiesen werden.

In einem kleinen Beispiel wird die Summe aller Zahlen vom Wert der globalen
Variablen a bis zum Wert der globalen Variablen b berechnet.
Dazu erzeugen wir eine lokale Variable ergebnis, die nach Beendigung der Prozedur an
„result" zurückgegeben wird.
In den Block der lokalen Variable fügen wir einen „do...result..."-Block ein.
In diesen wiederum eine Zählschleife „for each number from ... to...by...".
Hierin wird der lokalen Variablen ergebnis (die zuerst gleich Null ist) in jedem
Schleifendurchlauf die nächst größere Zahl hinzuaddiert.

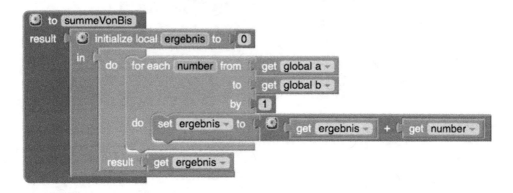

Das Ergebnis dieser Prozedur können wir z.B. einem Label zuweisen.

Wichtig: Eine Prozedur hat höchstens ein Ergebnis!

Wir geben der Prozedur Werte mit

Im vorigen Beispiel hat die Prozedur bei ihrer Ausführung auf globale Variablen zugegriffen. Noch eleganter ist es, wenn wir einer Prozedur Werte mitgeben könnten.

Das geht mittels sogenannter **Parameter**.

Dazu werden durch Auswahl mit dem Zahnradsymbol einer oder mehrere Parameter (hier input) definiert. Dies sind für die Prozedur lokale Variablen, die beim Aufruf der Prozedur einen Wert erhalten.

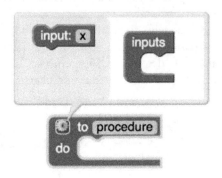

Lassen wir z.B. die folgende Prozedur die Zahlen x und y in einer Textbox ausgeben.

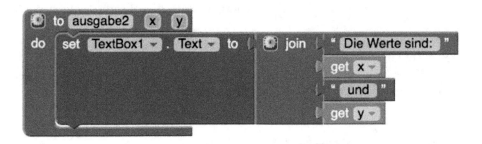

Der Aufruf der Prozedur erfolgt, indem der Prozedur zwei Werte mitgegeben werden. Das können (wie hier) Konstanten sein oder auch Variablen.

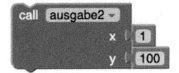

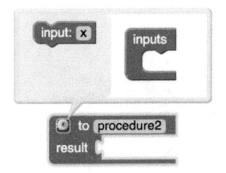

Auch Prozeduren mit Ergebnissen können natürlich Parameter (Übergabewerte) bekommen:

Als Beispiel lassen wir eine Prozedur wieder die Summe von Zahlen berechnen.

Hier geben wir der Prozedur allerdings Anfangs- und Endwert als Parameter mit. Wir nennen sie hier einmal x1 und x2.

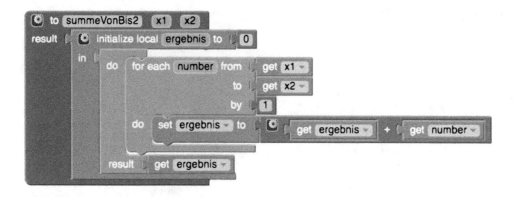

Der Aufruf der Prozedur könnte folgendermaßen erfolgen.

Die Globalen Variablen a und b werden der Prozedur als Paramater mitgegeben und damit auf die lokalen Variablen x1 und x2 der Prozedur kopiert.
Mit diesen Variablen arbeitet die Prozedur nun.

Ein Beispiel – ggT

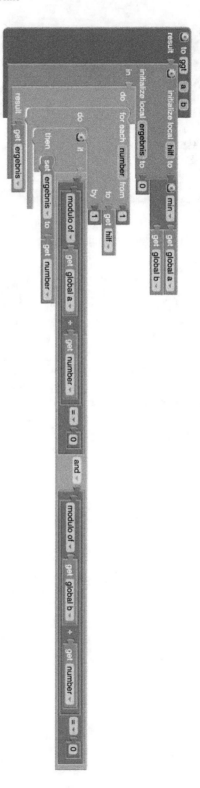

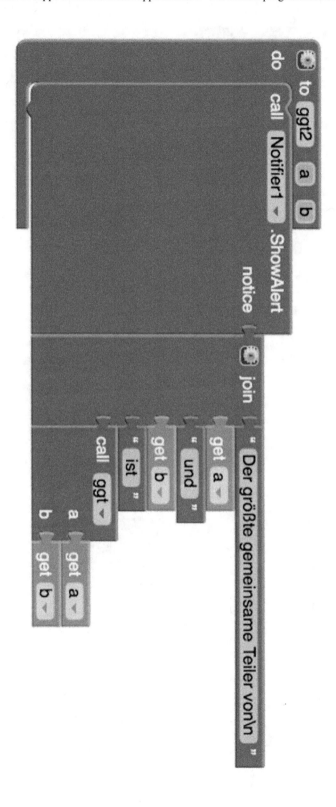

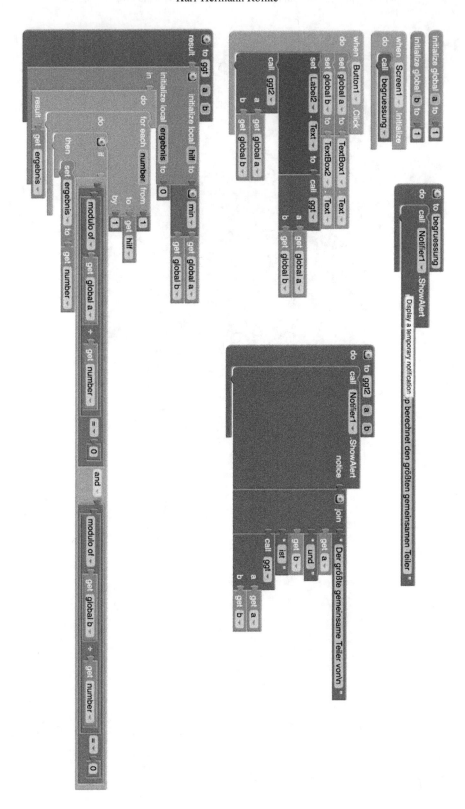

Zur Berechnung des ggT zweier ganzer Zahlen erstellen wir ein Layout mit einem Knopf (Button1) für den Start der Berechnung und mit zwei Textfeldern (TextBox1 und TextBox2) für die Eingabe der Zahlen. Mit einem Notifier soll am Anfang der Hinweis auf den Zweck des Programms gegeben werden (mit call Notifier1.ShowAlert...).

Wird der Knopf (Button1) gedrückt, so startet die Berechnung. Zuerst werden die Inhalte der TextBox1 und der TextBox2 den globalen Variablen a und b zugewiesen. Dann wird mit „call ggt" die Prozedur zur Berechnung des ggt mit den Parametern a und b aufgerufen und das Ergebnis wird in einem Label ausgegeben.

Zur Übung wird noch eine zweite Prozedur ggt2 aufgerufen, die den ggt berechnen lässt und das Ergebnis in einem Dialog (Notifier1) ausgibt.

In der Prozedur ggt2 wird ebenfalls die eigentliche Berechnung durch die Prozedur ggt aufgerufen und das Ergebnis mittels „join" als Text („Der größte gemeinsame Teiler von...) ausgegeben.

Die eigentliche Berechnung des ggt erfolgt in der gleichnamigen Prozedur. Wir suchen den größten gemeinsamen Teiler zweier ganzer Zahlen. Das bedeutet, dass wir erst einmal Teiler suchen, die beide Zahlen a und b ohne Rest teilen. Von diesen möglichen Teilern suchen wir den größten. Ein sicherer Teiler ist immer Eins. Der größte gemeinsame Teiler kann nicht größer sein, als die kleinere der beiden Zahlen.

Also setzten wir eine Variable hilf auf das Minimum beider Zahlen a und b.

Dann lassen wir eine Schleife laufen von Eins bis zu diesem Minimum (hilf).

Mit der Funktion „modulo of" prüfen wir, ob gleichzeitig der Rest beim Teilen der Variable a durch die Laufvariable number gleich Null ist und der Rest beim Teilen der Variable b durch die Laufvariable number ebenfalls gleich Null ist. In dem Fall haben wir einen Teiler für beide Zahlen gefunden. Diesen weisen wir dem Ergebnis der Prozedur zu. Da die Schleife bis zur kleineren der beiden Zahlen a und b läuft, können wir weitere (größere!) Teiler finden, die wir dem Ergebnis erneut zuweisen.

So bleibt am Schluss der größte der gefundenen Teiler im Ergebnis und wird zum Ergebnis der Prozedur ggt. Mindestens jedoch wird immer Eins als Ergebnis sicher sein.

Hinweis: Der Block für die mathematische Funktion Modulo sieht etwas merkwürdig aus. Die zu teilenden Werte werden mittels eines Pluszeichens darin verbunden.

Der Block „modulo of 5 + 2" würde z.B. 1 ergeben, weil 5 ganzzahlig geteilt durch 2 einen Rest von 1 lässt. „modulo of 6 + 3" würde 0 ergeben, weil die Division von 6 und 3 keinen Rest lässt, d.h. 6 durch 3 teilbar ist.

11 ETWAS MEHR ORDNUNG BITTE – LAYOUT

Bisher haben wir die Bildschirmelemente einfach so auf den Vorschaubildschirm gezogen. Bestenfalls wurde der Bildschirm (*screen*) so eingestellt, dass die Elemente zentriert dargestellt wurden.

Aber oft möchte man selber mehr Einfluss nehmen auf die Gestaltung des Bildschirms.

Zum Anordnen von Bildschirmelementen gibt es das starke Werkzeug der Layouts.

Als erstes experimentieren wir mit den beiden Layouts zur horizontalen und vertikalen Ausrichtung der Elemente. So soll der Bildschirm aussehen:

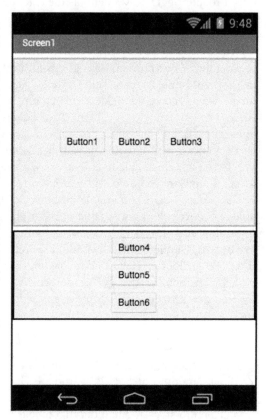

Die oberen drei Knöpfe sollen untereinander angeordnet werden und innerhalb des Layouts zentriert sein.

Wir ziehen aus der linken Spalte (unter der Auswahl Layouts) ein Element namens HorizontalArrangement in das Viewer Fenster. Es erhält dann automatisch den Namen HorizontalArrangement1.

Im Properties-Fenster editieren wir die Eigenschaften.

„AlignHorizontal" und „AlignVertical" setzen wir beide auf „Center". Damit werden die Elemente in dem Layout sowohl horizontal (nebeneinander) und vertikal (untereinander) mittig angeordnet.

Die Eigenschaft „Height" (Höhe) setzen wir auf 50%. Damit nimmt dieses Layout in der Höhe 50% des gesamten Bildschirms ein.

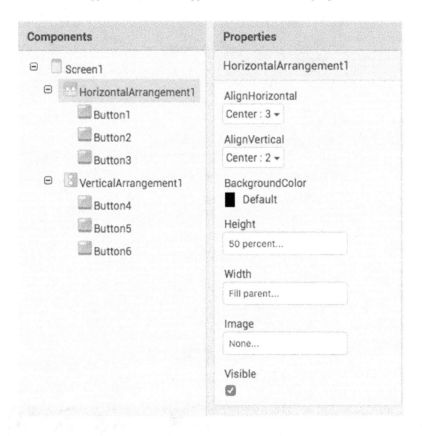

Also:

Mit dem „HorizontalArrangement" können wir die Bildschirmelemente nebeneinander anordnen.

Mit dem „VerticalArrangement" können wir die Bildschirmelemente untereinander anordnen.

Sollte der Platz für die Elemente innerhalb des Layouts beeinflusst werden, so lassen sich im Properties Fenster die Eigenschaften „Height" (Höhe) und „Width" (Breite) noch einstellen.

So können die Werte auf automatisch eingestellt werden, oder auf bestimmte Werte in Pixeln oder Prozent, wie auch auf die Nutzung des verfügbaren Platzes in der Umgebung, in der sich das Element befindet („fill parent").

Weiterhin ziehen wir aus der linken Spalte (unter der Auswahl Layouts) ein Element namens „VerticalArrangement" in das Viewer-Fenster. Es erhält dann automatisch den Namen VerticalArrangement1.

Im Properties-Fenster editieren wir auch hier die Eigenschaften.

„AlignHorizontal" und „AlignVertical" setzen wir ebenfalls beide auf "Center". Damit werden die Elemente in dem Layout sowohl horizontal (nebeneinander) und vertikal (untereinander) mittig angeordnet.

Die Eigenschaft "Height" (Höhe) setzen wir auch auf "Automatic". Damit nimmt dieses Layout in der Höhe die verbleibenden Fläche des gesamten Bildschirms ein.

Natürlich kann man auch Layouts ineinander verschachteln.

Wenn wir z.B. dafür sorgen wollen, dass drei Gruppen von senkrecht angeordneten Knöpfen nebeneinander erscheinen sollen, so müssen wir ein horizontales Layout erstellen, in das wir nebeneinander drei vertikale Layouts ziehen.

Dem horizontalen Layout („HorizontalArrangement") geben wir als Eigenschaften (*Properties*) mit, dass alle Elemente zentriert sein sollen („AlignHorizontal" und „AlignVertical" beide auf „Center" setzten).

Weiterhin fügen wir drei vertikale Layouts („VerticalArrangement") in das horizontale Layout hinein.

Dabei ist etwas Fingerspitzengefühl und Übung nötig, die Elemente an die richtige Stelle zu bringen.

In die jeweiligen vertikalen Layouts ziehen wir Elemente vom Typ Button hinein.

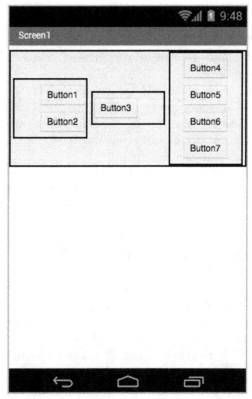

Zwei Knöpfe in das erste Layout, einen in das zweite und vier in das dritte Layout.

Die Breite der drei vertikalen Layouts sollte je 30 Prozent der gesamten Bildschirmbreite betragen, damit sie gleich groß nebeneinander den Bildschirm füllen.

Andere Werte können natürlich auch gewählt werden, wenn entsprechende Aufgaben das erfordern.

Wir sollten an dieser Stelle einfach einmal ein wenig mit verschiedenen Eigenschaften der Layouts spielen, um die Auswirkungen zu erkunden.

Mit entsprechenden ineinander geschachtelten Layouts kann man natürlich auch Tabellen erstellen.

Für Tabellen mit Zeilen und Spalten eignet sich aber oft besser ein anderes Layout. Das Tabellen-Layout („TableArrangement").

Wenn wir z.B. 20 gleich große Knöpfe in 5 Spalten und 4 Zeilen anordnen wollen, so können wir das mit diesem Layout recht einfach erledigen.

Wir ziehen ein Element vom Typ „TableArrangement" in unser Viewer Fenster und ändern die Eigenschaften (*Properties*) so, dass 5 Spalten („Colums") und 4 Zeilen („Rows") eingestellt sind.
Nun ziehen wir Elemente vom Typ Button in die jeweiligen Zellen diese Tabelle (die Zellen werden erst beim Füllen mit Elementen sichtbar).

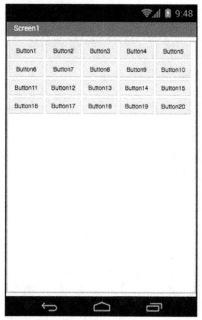

Bei vielen Zellen kann es vorkommen, dass die Fläche des Bildschirms nicht ausreicht. Dann müssen entweder die Elemente in ihrer Größe geändert werden oder z.B. bei Knöpfen die Schriftgröße
Auch hier sollten wir ein wenig experimentieren.

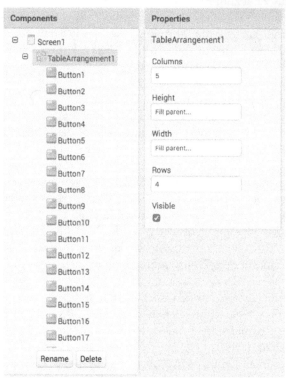

12 WIR WENDEN DAS BISHER GELERNTE AN UND PROGRAMMIEREN EINEN TASCHENRECHNER

Planung

Um verschiedene Aspekte des bisher Gelernten zu üben, planen wir einen einfachen Taschenrechner als App.

Er soll eine Anzeige haben, mit ganzen Zahlen und Kommazahlen arbeiten und er muss Eingabetasten für die Ziffern und Rechenarten haben.

Aus dem vorigen Kapitel können wir unser neues Wissen über Layouts sofort anwenden.

In einem vertikalen Layout werden das Anzeigefenster und die Tastatur untereinander angeordnet. Für die Tastatur können wir ein Tabellen-Layout verwenden.

Die Eingabe der Zahlen geschieht mit Zifferntasten. Immer, wenn eine Taste gedrückt ist, muss sich die Eingabe um den entsprechenden Wert ändern. Dazu verwenden wir einen Speicher (eine globale Variable namens anzeige), der bei jeder Eingabe in der Anzeige (einer Textbox) dargestellt wird.

In vielen Veröffentlichungen findet man Lösungen, die einfach den Inhalt der Textbox als Text auslesen und als Zahl zum Rechnen verwenden.

Das machen wir hier nicht. Vielmehr erzeugen wir die Zahlen ziffernweise, in dem der aktuelle Wert im Speicher anzeige mit 10 multipliziert wird (dadurch „rutschen" seine Ziffern nach links) und die gedrückte Ziffer wird addiert („hinten angehängt"). Diesen Faktor (10) verwalten wir in einer globalen Variablen.

Das geht allerdings nur bei ganzen Zahlen gut.

Sobald jemand die Kommataste gedrückt hat, müssen wir die Ziffern hinter dem Komma anfügen. Das machen wir auch mit dem Wert in der globalen Variablen faktor. Allerdings müssen wir seit dem Druck der Komma-Taste die Ziffern durch 10, 100, 1000, 10000 usw. teilen und diese Werte zu der Anzeige addieren. So kommen die jeweils eingegebenen Ziffern weiter „nach rechts" hinter das Komma. Bei jeder Neueingabe einer Ziffer nach dem Komma wird der Wert der Variablen faktor mit 10 multipliziert und der jeweilige Ziffernwert durch den Wert dieser Variablen geteilt.

In der Anzeige wird das Komma als Dezimalpunkt dargestellt.

Um festzustellen, ob das Komma gedrückt (d.h. die Nachkommastellen aktiv sind), wird in einer logischen Variablen namens komma der Wert true oder false gespeichert. Anfänglich ist er false und mit dem Druck auf die Kommataste muss er auf true gesetzt werden.

Zum Rechnen werden die Tasten mit den Rechenarten gedrückt. Ist eine solche Taste gedrückt, müssen wir uns die gewählte Rechenart merken. Das machen wir einfach mit Hilfe einer Textvariablen namens operator, in der die Symbole +,-,* und / sowie = als neutrales Symbol gespeichert werden.

Ist eine Rechentaste gedrückt, müssen wir uns den Wert der Anzeige merken. Das machen wir, indem wir den Wert der Anzeige in eine Variable namens rechenspeicher kopieren und die nächste Zahl eingeben lassen.

Nach dem Druck der Gleichheitstaste wird der Rechenspeicher mit der Anzeige verknüpft, d.h. addiert, subtrahiert, multipliziert oder dividiert, abhängig von der Rechenart (in der Variablen operator).

Die Eingabe einer neuen Zahl erledigen wir in einer Prozedur. Hier wird der Wert der Anzeige in den Rechenspeicher kopiert und alle nötigen Werte zurückgesetzt (komma auf false, anzeige auf Null und faktor auf 10).
Auch die ziffernweise Eingabe der nächsten Zahl erledigen wir in einer Prozedur.
Zu guter Letzt brauchen wir noch eine Löschtaste, die alle Werte zurücksetzt.

Design

Mit den oben erwähnten Layouts gestalten wir erst einmal die Oberfläche des Taschenrechners:

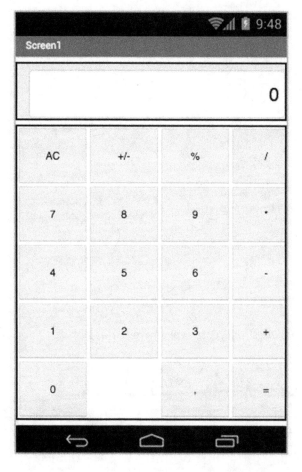

Im vertikalen Layout befindet sich nur die Textbox für die Anzeige.
Die Tasten gestalten wir mit Knöpfen in einem Tabellen Layout mit 4 Spalten und 5 Zeilen. Die Höhen aller Elemente sollten etwa ein Sechstel des Gesamtbildschirms und die Breiten der Tasten jeweils ein Viertel des Bildschirms ausmachen.

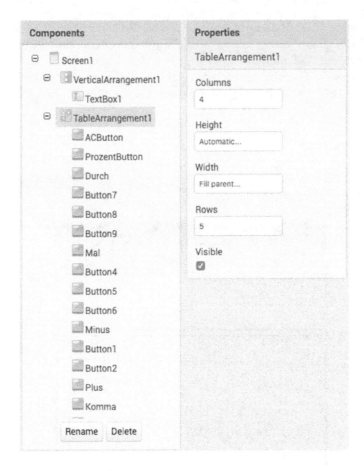

Blöcke

Die oben geplanten Verwaltungsdaten speichern wir in globalen Variablen.

Für jede Taste müssen wir einen Block erstellen („when Button.Click do...").

Zuerst sollten die Zifferntasten zum Leben erweckt werden. Dazu bestimmen wir einfach, dass beim Druck auf die Taste die jeweilige Ziffer an die Prozedur für die nächste Ziffer übergeben wird. Das machen wir für alle zehn Ziffer (die Null nicht vergessen!).

Hier ein Beispiel für die Zifferntaste Eins.

Zum Testen ist es natürlich schon sehr bald nötig, dass wir die Löschtaste ACButton programmieren. Hier werden alle Verwaltungsvariablen zurückgesetzt und die Anzeige entsprechend aktualisiert.

Für die Rechenoperationen wird einfach die Variable operator mit dem entsprechenden Rechenzeichen als Text gefüllt.

Hier ein Beispiel für Plus.

Jetzt wird es etwas schwieriger.

Wenn die Taste Gleichheitszeichen gedrückt wird, muss die entsprechende Rechenoperation ausgeführt werden. Dazu wird mit *if* der Inhalt der globalen Variablen operator (die ja durch die Taste für die Rechenoperation gefüllt wurde) mit dem jeweiligen Rechenzeichen (als Text) verglichen. Dazu müssen wir nacheinander alle möglichen Rechenarten abfragen.

Je nach Rechenart wird dann der Rechenspeicher mit der Anzeige verknüpft und das Ergebnis wieder im Rechenspeicher gesichert.

Danach wird das Ergebnis in der Textbox angezeigt, der Operator wieder zurückgesetzt und der Wert der globalen Variablen anzeige zurück auf Null gesetzt.

Außerdem soll der Taschenrechner die nächste Eingabe ermöglichen. Dazu wird die Prozedur naechsteEingabe aufgerufen.

Die Prozedur naechsteEingabe setzt die Variablen anzeige, komma und faktor wieder auf die ursprünglichen Werte zurück.

Sehr einfach ist die Taste Komma. Hier wird nur die logische Variable komma auf true gesetzt.

Zur Eingabe der Zahlen in der Anzeige erstellen wir eine Prozedur namens naechsteZiffer. Sie bekommt einen Parameter. Damit wird ihr eine Ziffer übergeben. Diese Ziffern werden beim Klick auf die Zifferntasten an die Prozedur übergeben.

Entsprechend der Planung müssen wir abhängig von einem gedrückten Komma, die Zahl aus den übergebenen Ziffern aufbauen und jeweils neu anzeigen.

Die Funktionen der Tasten +/- und % sind hier noch nicht programmiert worden. Dies kann als einfache Übung gemacht werden. Auch das Abfangen einer Division durch Null kann durch einen entsprechenden Fehlerhinweis in der Anzeige implementiert werden.

Eine weitere Übung könnte sein, dass der Benutzer die Tasten für die Rechenoperationen (ohne Gleichheitstaste) erneut drücken kann, um so fortlaufend zu rechnen. Diese Übung ist schon etwas anspruchsvoller.

13 KAMERA UND ALBUM

In der folgenden Beispiel-App soll ein Bild gezeigt werden. Dazu sehen wir zwei Möglichkeiten vor.

Der Benutzer kann ein Bild aus einem Album des Smartphones wählen oder mit der Kamera ein Bild aufnehmen. Dieses Bild soll dann dargestellt werden.

Dazu benötigen wir erst einmal ein Element vom Typ Image, das wir in das Viewer-Fenster ziehen.

Ein spezieller Knopftyp ist der Typ „ImagePicker". Er wird als Knopf dargestellt, hat aber eigene mächtige Fähigkeiten zur Bildauswahl.

Mit einem weiteren Knopf starten wir die Aufnahme eines Fotos.

Außerdem benötigen wir ein Element vom Typ „Camera", das wir in das Viewer-Fenster ziehen. Es wird aber nicht in der Bildschirmvorschau gezeigt, sondern darunter (unter „Non-visible components").

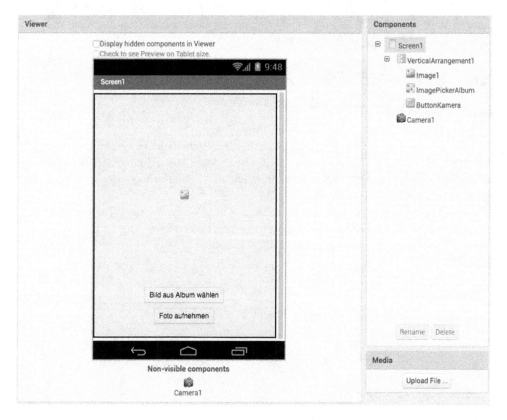

Wird später der obere Knopf namens „ImagePickerAlbum" gedrückt, so können wir aus einem Auswahlfenster ein Bild aus einem Album wählen. Mit der Bestätigung der Auswahl wird das Auswahlfenster geschlossen und das Bild wird dargestellt.

Mit dem Drück auf den Knopf namens ButtonKamera wird die Aufnahmefunktion des Smartphones gestartet und wir können ein Foto aufnehmen. Wird die Aufnahme bestätigt, so wird unsere App das Foto als Bild darstellen.

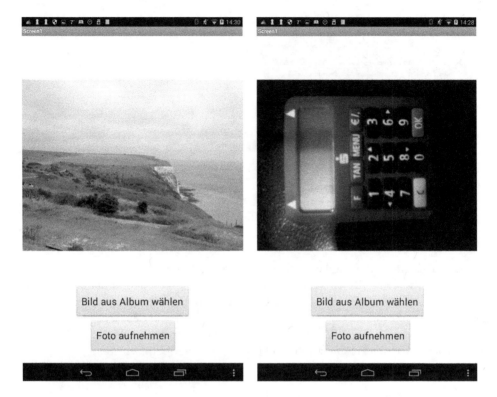

Das hört sich als Aufgabe gewaltig an.

Erstaunlicherweise ist die Umsetzung mehr als einfach.

Wir erstellen im Fenster Blocks einen Block „when ButtonKamera.Click do...", der den Aufruf der Fotoaufnahme starten soll.

Mit diesem starten wir die Aufnahme eines Fotos mittels des Blocks „call Camera1.TakePicture", den wir unter Camera finden.

Unter „Camera" findet sich weiter ein Block „when Camera1.AfterPicture do...". Dieser Block enthält automatisch eine lokale Variable, in der sich das aufgenommene Bild befindet. Die Funktion des Blocks ist: Wenn das Ereignis „AfterPicture" eingetreten ist, d.h. die Aufnahme abgeschlossen ist, dann werden die in dem Block eingeschlossenen Blöcke ausgeführt.

In unserem Fall setzen wir den Inhalt des Bildes („set Image1.Picture to...") auf die lokale Variable (d.h. unser aufgenommenes Foto).

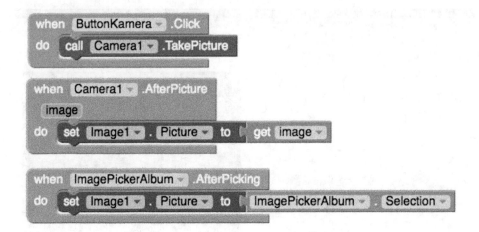

Ebenso einfach ist die Auswahl eines Bildes aus dem Album.

Dazu gibt es den Block unter „ImagePicker" mit der Funktion „when ImagePickerAlbum.AfterPicking do...". Hier wird auf das Ereignis reagiert, dass ein Bild mit dem automatischen Auswahldialog ausgewählt worden ist. Innerhalb des Blocks müssen wir wieder dafür sorgen, dass das Bild einen Inhalt bekommt. In diesem Fall das vom „ImagePicker" gewählte Bild („ImagepickerAlbum.Selection").

14 LASS UNS EIN WENIG MALEN

Canvas - Die Malfläche

Ähnlich wie das Element vom Typ Image ist der Typ „Canvas".
Beide können Bilder darstellen.
Ein Canvas-Element stellt eine Malfläche (Leinwand) zur Verfügung.
Damit wird nicht nur ein Bild gezeigt, sondern es werden zusätzlich Werkzeuge zum Zeichnen und Malen mitgeliefert.
Zwar kann ein Bild wie beim Image-Element auch geladen und dargestellt werden, aber ein Bild dient hier nur als Hintergrund („Backgroundimage").
Wir wollen eine kleine App schreiben, mit der auf der Malfläche mittels Fingerbewegungen gezeichnet wird. Sobald der Benutzer den Bildschirm berührt, kann er Linien zeichnen, solange er den Finger auf dem Bildschirm bewegt. So sollen beliebige Linienzüge gezeichnet werden können.
Zur Entwicklung dieser App bringen wir ein Element vom Typ „Image" und einen Button auf den Bildschirm. Mit dem Knopf soll es möglich sein, das Gezeichnete wieder zu löschen.
Das Löschen der Zeichenfläche lässt sich sehr einfach mit einer vordefinierten Funktion machen.

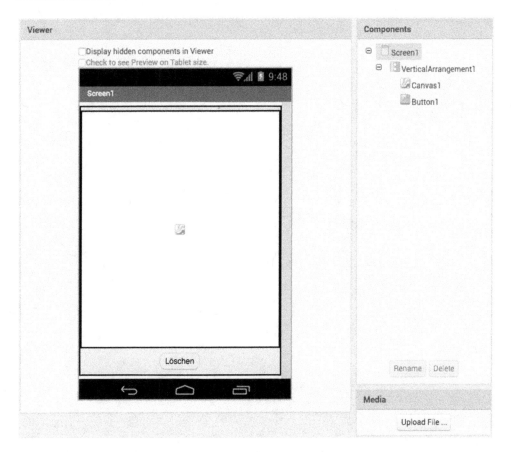

Zur Verwirklichung des Zeichnens müssten wir immer wieder eine Linie von der bisherigen Bildschirmkoordinate bis zur neuen Bildschirmkoordinate unserer Berührung auf dem Bildschirm ziehen.

Dazu steht u.a. ein mächtiges Werkzeug als Block für die Zeichenfläche (*Canvas*) zur Verfügung.

Mit dem Block „when Canvas1.Dragged do..." werden Anweisungen durchgeführt, wenn auf der Zeichenfläche eine Fingerbewegung ausgeführt wird („dragged").

Die mitgelieferten Parameter (lokale Variablen) geben uns Informationen über den Startpunkt der Bewegung („startX" und „startY"), die letzten („prevX" und „prevY") und die neuen, d.h. gerade aktuellen Koordinaten („currentX" und „currenY"). Außerdem erhalten wir Zugang zu einer zu bewegenden Form („draggedAnySprite").

Wir rufen innerhalb dieses Blocks die für „Canvas2 vordefinierte Prozedur „call Canvas1.DrawLine..." auf. Hiermit wird eine Linie von den Koordinate x1,y1 bis zur Koordinate x2,y2 gezeichnet. Diese Koordinaten werden als Parameter übergeben.

Wir verwenden dazu die lokalen Variablen für die Koordinaten (prevX,prevY und currentX,currentY).

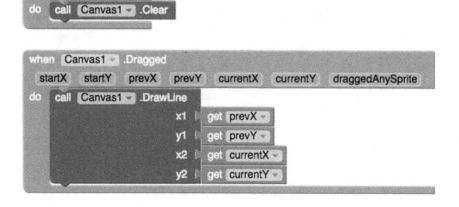

Mit Farben Malen

Noch schöner wird unsere App, wenn wir mit Farben malen könnten.
Dazu erzeugen wir noch weitere Knöpfe zur Auswahl der Stiftfarbe.

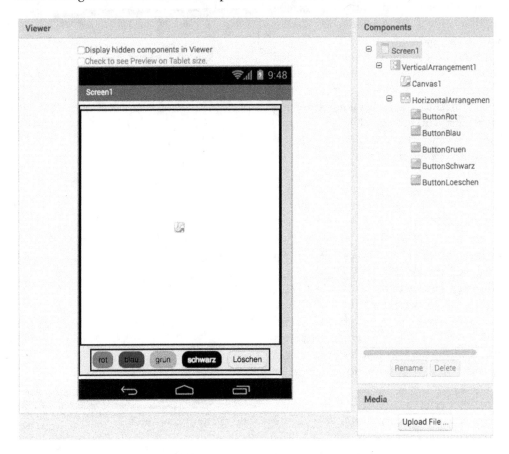

Ansonsten bleibt alles wie in der vorigen App. Nur, dass wir durch Druck auf die Farbtasten die jeweils nächsten Linien mit der jeweiligen Farbe zeichnen.

Die Knöpfe für die Auswahl der Farben lassen sich sehr einfach verwirklichen. Mit dem Block „set Canvas1.PaintColor to..." lassen sich Farben setzten. Die Farben bekommen wir über die entsprechenden Farb-Blöcke aus der Kategorie „Colors".

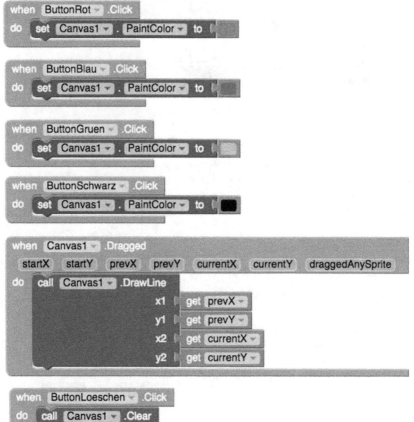

Canvas – Speichern und Laden

Jetzt wollen wir noch eine weitere Funktion hinzufügen.

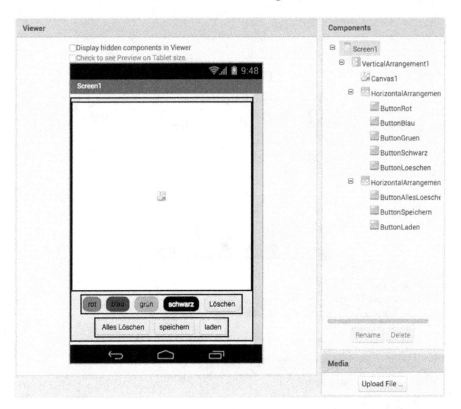

Mit den Knöpfen Speichern und Laden soll es möglich sein, die selbst erstellte Zeichnung zu speichern und wieder zu laden (was sinnvoll ist, wenn wir neuere Linien löschen und trotzdem mit den älteren Linien weiterarbeiten wollen.

Wir definieren eine globale Variable, die den Namen der Datei speichern soll.
Wenn der Knopf zum Speichern gedrückt wird, rufen wir die unter „Canvas" vordefinierte Prozedur „call Canvas1.SaveAs..." auf, die unter „filename" den Namen der zu speichernden Datei bekommt. Als Ergebnis dieser Prozedur (oder besser Funktion) erhalten wir den kompletten Pfad der gespeicherten Datei, die wir der Variablen dateiname zuweisen.

Der Knopf zum Laden der Datei lädt das Hintergrundbild der Zeichenfläche mit „set Canvas1.BackgroundImage to..." und dem gespeicherten Dateinamen. Durch die „SaveAs"-Funktion haben wir den korrekten Dateipfad ja gespeichert.

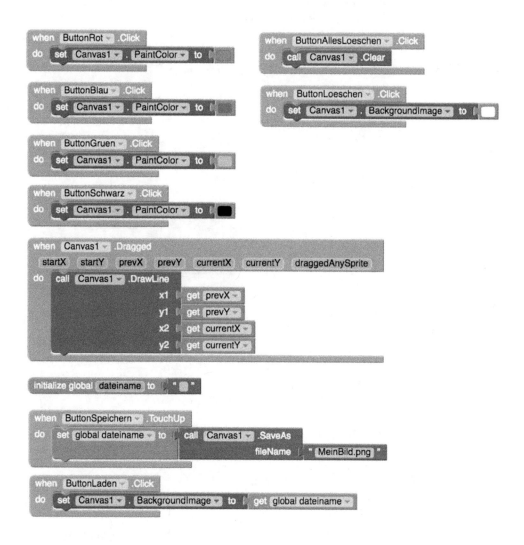

Die App ist recht einfach gehalten, um die grundlegenden Strukturen zu verstehen.

Natürlich lässt sich die App noch erweitern, indem z.B. verschiedene Dateinamen verwaltet werden. Das ist allerdings erst später sinnvoll, wenn wir Listen und einfache Datenbanken kennengelernt haben.

Binärbaum – Wir entwickeln weitere Grafikroutinen

Jetzt noch etwas für mathematisch interessierte Tüftler... – Alle anderen können diesen Abschnitt getrost überspringen.

Es soll ein sogenannter Binärbaum gezeichnet werden. Leider bietet unsere Programmierumgebung für die Canvas-Elemente nur das Zeichnen bezogen auf Koordinaten.

Aus der sogenannten Turtle-Grafik kennt man auch das Zeichnen von Linien bestimmter Längen unter bestimmten Winkeln. Dazu entwickeln wir eigene Prozeduren.

Zuerst planen wir aber die Bildschirmumgebung. Dazu bewegen wir ein Canvas-Element und zwei Knöpfe (zum Starten und Löschen der Zeichnung).

Zur Einstellung der Länge der jeweiligen Y-Zweige benutzen wir ein neues Element. Mit dem „Slider" erhalten wir einen Schieber (*slider*), mit dem wir Werte zwischen zwei Grenzwerten einstellen können. Die Grenzwerte (Minimum und Maximum) werden als Eigenschaften (*properties*) festgelegt.

84

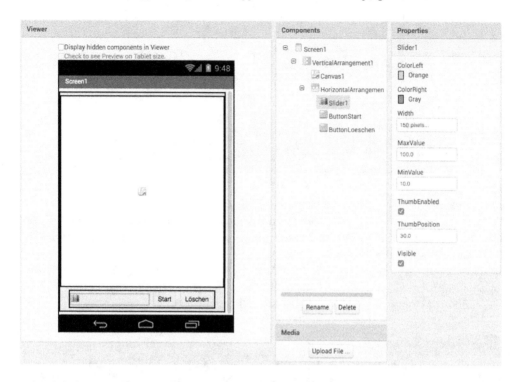

Mit globalen Variablen merken wir uns die aktuellen Zeichenkoordinaten (x und y). Außerdem verwalten wir die Länge der aktuellen Linie und den Winkel unter dem die Linie gezeichnet wird. Der Winkel soll nach oben als Null Grad definiert werden und entgegen dem Uhrzeigersinn weitergedreht werden.

Den Knopf zum Löschen der Zeichenfläche kennen wir ja schon.

Mit dem Schieber (*slider*) stellen wir die globale Variable gLaenge für die Länge der zu zeichnenden Linie ein. Mit dem Block „when Slider1.PositionChanged do..." wird auf das Ereignis der Veränderung der Schieberseinstellung reagiert.

Der Wert der eingestellten Schiebereinstellung befindet sich in der lokalen Variablen thumbPosition.

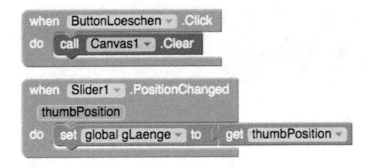

Nun erstellen wir unsere Prozeduren zum Zeichnen von Linien.

Die Prozedur „drehe" soll den Winkel zum Zeichnen der nächsten Linie um einen bestimmten Wert erhöhen. Dazu addieren wir zum aktuellen Zeichenwinkel (gWinkel) den Wert des Parameters (winkel).

Mit der Prozedur „dreheZu" soll der Zeichenwinkel auf einen bestimmten Wert eingestellt werden.

So erhalten wir eine relative und eine absolute Winkeleinstellung.

Auch zum Zeichnen der Linien erstellen wir je eine relative und eine absolute Prozedur.

Mit „zeichneWeiter" soll die Linie unter dem aktuell eingestellten Winkel um eine bestimmte Länge (der Parameter „laenge") weiter gezeichnet werden.

Will man eine Linie (Strecke) mit einer bestimmten Länge von der Koordinate x,y aus unter einem Winkel zeichnen, so muss man eine kleine Berechnung mit den Winkelfunktionen ausführen.

Die Endkoordinaten dieser Strecke berechnen sich als x+laenge*sin(gWinkel) und y-laenge*cos(gWinkel). Aber warum das Minuszeichen zur Berechnung y-Koordinate des Endpunktes?

Die Koordinate (0,0) befindet sich oben links in der Zeichenfläche. Daher erhöhen sich die x-Werte nach links und die y-Werte nach unten.

Natürlich müssen wir in der Prozedur noch die Koordinaten x und y aktualisieren, damit die nächste Linie sich anschließen kann.

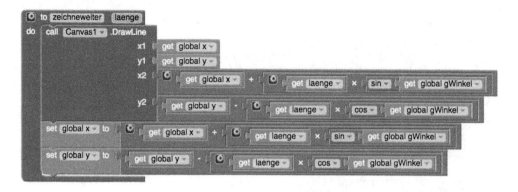

Mit „zeichne" soll die Linie unter einem neu eingestellten Winkel (mit dem Parameter „winkel") um eine bestimmte Länge (mit dem Parameter „laenge") weiter gezeichnet werden.

Die Prozedur ist fast identisch zu der vorigen. Allerdings wird nicht der aktuelle Winkel (die globale Variable gWinkel) verwendet, sondern der Parameter „winkel".

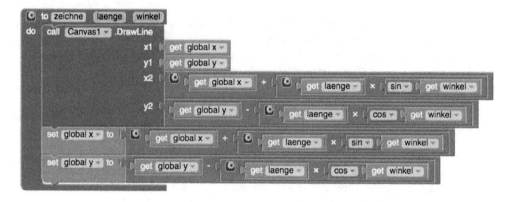

Nun können wir unseren Binärbaum in Angriff nehmen. Zum Start der Zeichnung setzen wir den Zeichenstift unten mittig auf die Malfläche. Die Höhe und Breite der Malfläche können wir mit den dazugehörigen Blöcken ermitteln.

Dann stellen wir den globalen Winkel nach oben mit der entsprechenden Prozedur ein (Null Grad). Danach rufen wir eine noch zu erstellenden Prozedur zum Zeichnen des Binärbaumes auf. Die Prozedur „baum" erhält einen Parameter, der die Länge der drei Äste des erste Y bestimmt.

```
when  ButtonStart  .Click
do    set global y  to    Canvas1 . Height
      set global x  to    Canvas1 . Width / 2
      call dreheZu
                winkel  0
      call baum
                laenge  get global gLaenge
```

Jetzt wird es ernst...

Zum Zeichnen des Baumes soll ein erstes Y gezeichnet werden, an dessen oberen beiden Ästen sich ein halb so großes Y befindet. An den oberen Ästen dieser neuen Y-Figuren sollen wieder jeweils halb so große Figuren gezeichnet werden. Und so weiter.

Aber wie lange sollen jeweils kleinere Y-Figuren angehängt werden?

Dazu müssen wir einfach eine minimale Länge definieren, die den Prozess des Zeichnens von Y-Figuren beendet.

Zur Umsetzung dieser Aufgabe arbeiten wir mit einer rekursiven Prozedur. Das ist eine Prozedur, die sich selber aufruft. In unserem Fall muss sie sich sogar zweimal selber aufrufen.

Wir können das so beschreiben:

Zeichne den Stamm der Y-Figur mit einer bestimmten Länge.

Am Ende drehe den Zeichenwinkel nach links (hier um 45 Grad) und zeichne den linken Ast mit der Länge. Drehe den Zeichenwinkel wieder nach oben und zeichne in diese Richtung einen Binärbaum mit der halben Länge.

Nun zeichne eine Linie zurück zur Gabelung des Y.

Das Gleiche führen wir von hier aus nach rechts oben aus, wobei am Ende des rechten Astes wieder ein Binärbaum mit der halben Länge angefügt wird.

Danach müssen wir unbedingt die Zeichnung wieder zum Ausgangspunkt (Fußpunkt des Stammes der Y-Figur) zurückführen. Das ist nötig, damit es nach jedem Zeichnen eines kleineren Y-Baumes an der richtigen Stelle weitergeht.

Ebenfalls unbedingt wichtig ist, dass die Prozedur nur unter der Bedingung aufgerufen wird, dass die Länge des nächsten Y-Baumes einen bestimmten Wert nicht unterschreitet.

Wir nennen das die Eingangsbedingung für die Rekursion. So wird die Rekursion nicht unendlich oft aufgerufen, sondern irgendwann beendet (terminiert).

```
to baum laenge
do  call zeichneweiter
              laenge | get laenge
    call drehe
              winkel | 45
    call zeichneweiter
              laenge | get laenge
    call drehe
              winkel | -45
    if | get laenge > 2
    then  call baum
                    laenge | get laenge / 2
    call drehe
              winkel | 45
    call zeichneweiter
              laenge | neg | get laenge
    call drehe
              winkel | -90
    call zeichneweiter
              laenge | get laenge
    call drehe
              winkel | 45
    if | get laenge > 2
    then  call baum
                    laenge | get laenge / 2
    call drehe
              winkel | -45
    call zeichneweiter
              laenge | neg | get laenge
    call drehe
              winkel | 45
    call zeichneweiter
              laenge | neg | get laenge
```

Eine gute Übung zum Verstehen der Prozedur „baum" ist es, die Ausführung der Prozedur für die ersten Schritte auf einem Blatt Papier zu verfolgen.

Ganz nett sind auch die Ergebnisse der App, wenn wir mit anderen Winkeln und mit unterschiedlichen Längen (auch unterschiedlich nach links und rechts) experimentieren.

15 BALLSPIELE - ANIMATION MIT KONTROLLE

Reflektierter Ball

Für die Programmierung von Spielen ist es manchmal ganz nützlich, bewegte Figuren zur Verfügung zu haben.

In einem ersten Schritt verwenden wir das vordefinierte Objekt Ball.

Dazu erstellen wir eine App mit einer Zeichenfläche (*canvas*) und einem Ball aus der linken Spalte. Beide Elemente ziehen wir auf den Design-Bildschirm.

Damit wir das kleine Spiel steuern können, fügen wir ein Element „slider" und einen Knopf hinzu. So können wir mit der Einstellung des Schiebers die Bewegungsgeschwindigkeit steuern und mit dem Knopf das Spiel neu starten.

Sinnvollerweise ordnen wir die Elemente noch mit geeigneten Layouts an.

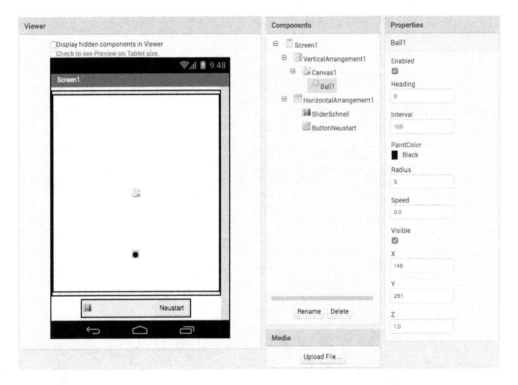

Das Element vom Typ „Ball" stellt mächtige Werkzeuge zur Verfügung. Im Block-Editor können wir uns davon überzeugen. Mit diesen Werkzeugen ist es recht einfach, auch komplexe Bewegungen einfach zu steuern.

Zuerst programmieren wir die Funktion des Knopfes Button Neustart. Dabei rufen wir eine Prozedur des Balles auf, der ihn in die Mitte der Zeichenfläche bewegt.

Außerdem aktivieren wir den Ball und geben ihm eine zufällige Bewegungsrichtung, eine Geschwindigkeit und eine Zeit für die ständige Aktualisierung auf der Zeichenfläche mit.

Der Ball reagiert auf verschiedene Ereignisse:

Wenn er den Rand der Zeichenfläche erreicht, wird das Ereignis „when Ball1.EdgeReached...do...“ aufgerufen.

Hier fügen wir eine vordefinierte Prozedur ein, die den Ball von der Seite der Zeichenfläche reflektieren soll. Mit „call Ball1.Bounce...edge...“ wird der Ball von der Seite reflektiert, die hier angegeben wird. Für diese Seite verwenden wir die lokale Variable edge, die uns das EdgeReached-Ereignis zur Verfügung stellt.

Mit dem Schieber regulieren wir die Geschwindigkeit der Bewegung des Balles, indem wir auf das Ereignis „when SliderSchnell.PositionChanged...do...“ entsprechend reagieren. Dazu sollten im Design-Fenster geeignete Grenzwerte für den Schieber eingestellt werden.

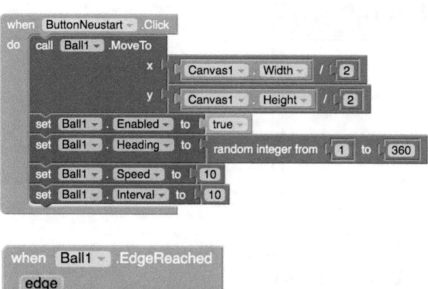

Mehrere Bälle

Das Ereignis „CollidedWith" legt nahe, dass man auch mit mehreren Bällen arbeiten kann. Wir fügen einen weiteren Ball im Design-Fenster zu.

Außerdem benötigen wir einen weiteren Schieber für die Geschwindigkeit dieses Balles. Zur besseren Steuerung können wir den Schiebern und den Bällen verschiedene Farben geben.

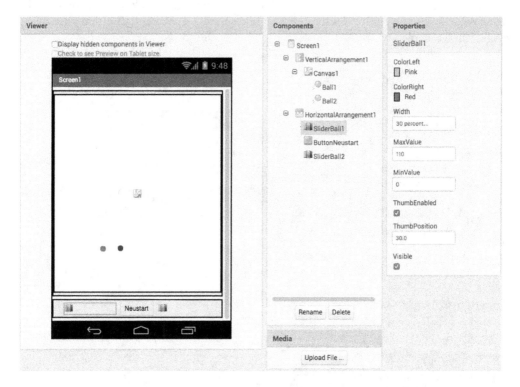

Der Neustart der App erfordert nun, dass beide Bälle eingestellt werden.

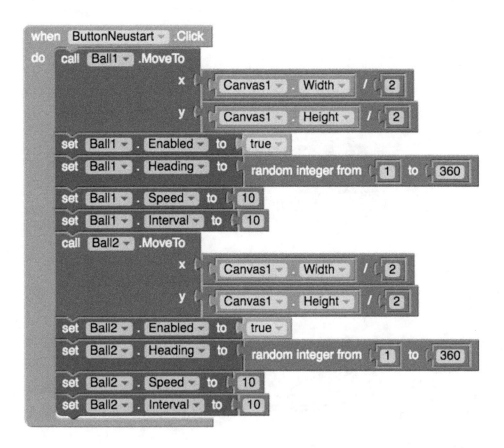

Weiterhin müssen wir nun für beide Bälle auf das Ereignis des Anstoßens an die Grenzen der Zeichenfläche reagieren.

Karl-Hermann Rollke

Beide Schieber müssen die Geschwindigkeiten der Bälle regulieren.

Wenn der Ball mit etwas zusammenstößt (z.B. mit einem anderen Ball), soll er nach dem Reflexionsgesetz (Ausfallswinkel gleich Einfallswinkel) seine Richtung ändern. Dies führen wir aus, wenn auf das Ereignis „when Ball1.CollidedWith...do..." reagiert wird.

Ball mit Hindernis (Sprites)

Nun bringen wir noch sogenannte „Sprites" ins Spiel. Das sind kleine Bilder, die sich ähnlich dem Ball bewegen und steuern lassen.
Wir erweitern die vorherige App einfach, indem wir im Design-Fenster ein Element vom Typ „sprite" einfügen. Ein solches Element benötigt noch ein Bild, damit es auf dem Bildschirm angezeigt wird. Dazu laden wir ein kleines Bild von unserem Computer hoch und weisen es dem Element zu.

96

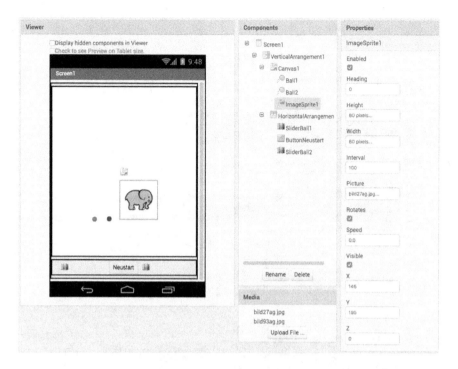

Die Funktion des Neustart-Knopfes wird einfach um die Einstellung des Aktualisierungsintervalls für unser ImageSprite1 erweitert.

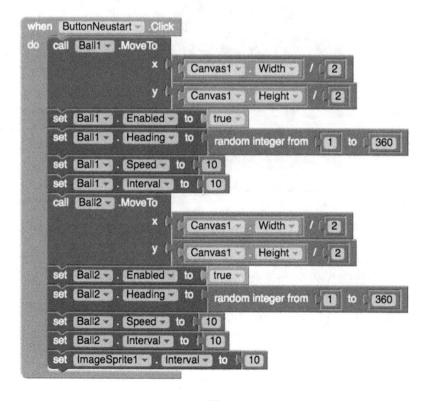

Auf die Ereignisse der Bälle und der Schieber reagieren wir auch wieder genau so wie in der vorherigen App.

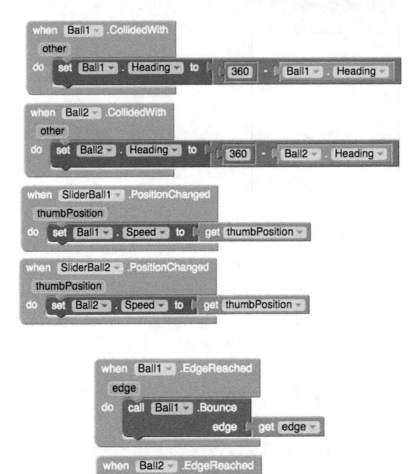

Neu ist die Reaktion auf das Ereignis, das ausgelöst wird, wenn unser ImageSprite1 vom Benutzer mit dem Finger bewegt wird.
Dann nämlich setzen wir das Element an die aktuelle Position auf dem Bildschirm (hier könnten auch dreidimensionale Koordinaten angegeben werden).

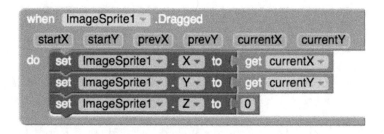

Mit den hier gezeigten Beispielen eröffnen sich ungeahnte Möglichkeiten für Spielideen oder Apps, die mit bewegten Grafiken arbeiten.

16 DEINE APP WILL SURFEN – WEBWIEVER

Wenn wir Apps entwickeln wollen, die mit dem Web kommunizieren sollen, so benötigen wir ein Werkzeug dafür.

Hier stellt uns AppInventor2 den sogenannten „Webviewer" zur Verfügung. In der linken Spalte finden wir ein entsprechendes Element, das wir in das Designfenster hineinziehen.

Außerdem ziehen wir eine Textbox für die Webadresse und einen Knopf für den Start der Verbindung in das Fenster. Ein entsprechendes Layout sorgt für etwas Übersicht.

Nun geht es in den Block-Editor. Wir ziehen einen Baustein für den Klick auf den Knopf in das Fenster. Wenn der Knopf gedrückt worden ist, soll ein Fenster mit der Darstellung der in der Textbox genannten Webseite geöffnet werden. Die Adresse der Webseite (URL) aus der Textbox übergeben wir dem Aufruf des „Webviewer" mit „call WebViewer1.GoToUrl...url...".

Damit wird dann bei der Ausführung der App die entsprechende Webseite geladen und dargestellt.

Natürlich können wir noch viel mehr mit dem „Webviewer" anstellen. Ein paar Experimente damit lohnen sich sicher.

17 MEHRERE BILDSCHIRME

Vier Bildschirme mit einem Menü

Im folgenden Beispiel wollen wir eine App entwickeln, die mit vier Bildschirmen arbeitet und die Auswahl des anzuzeigenden Bildschirm mittels Menü zulässt.

Leider bietet uns AppInventor2 kein vordefiniertes Werkzeug für ein Menü. Also improvisieren wir ein wenig.

Mit dem „ListPicker"-Werkzeug haben wir die Möglichkeit, aus einer Liste von Werten eine Auswahl zu treffen. Dazu erstellen wir erst einmal eine neue App mit einem Bildschirm.

In die Eigenschaft (*Property*) „ElementsFromString" tragen wir durch Komma getrennt die Namen der vier Bildschirme ein, die wir zur Auswahl stellen. Unter der Eigenschaft „Text" tragen wir „Menü" ein, damit der Benutzer erkennt, dass er hier drücken muss, um ein Menü zu erhalten. Damit wir selber überprüfen können, auf welchem Bildschirm wir uns befinden, tragen wir in einem Label den Text „Seite1" ein.

Nun erzeugen wir noch drei weitere Bildschirme (*screens*) mit der Auswahl"AddScreen".

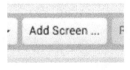

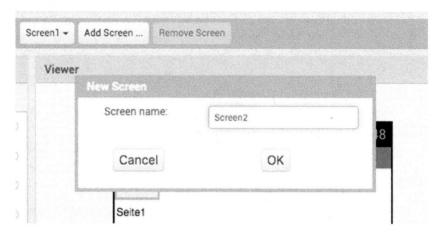

Der Knopf „AddScreen" öffnet einen Dialog zur Auswahl eines Namens für den neu zuzufügenden Bildschirm. Es sollte nun der jeweilige Name im Label angepasst werden. Wir dürfen auch nicht vergessen, die zur Auswahl stehenden Namen der Bildschirme in den Eigenschaften der „ListPicker" einzutragen!
Zwischen den zu bearbeitenden Bildschirmen können wir sowohl im Design-Editor wie auch im Block-Editor mittels Auswahl „Screen1" usw. oben in der Programmierumgebung hin und her wechseln.
Im Block-Editor müssen wir nun für jeden Bildschirm einzeln die Blöcke bearbeiten.

Auf das Ereignis der Auswahl eines Wertes aus der Liste des „ListPicker"-Elements reagiert der entsprechende Block „when ListPicker1.AfterPicking...do...".
Hier tragen wir ein, dass ein anderer Bildschirm geöffnet werden soll. Diesen Baustein finden wir unter der Rubrik „Control".
Wenn wir die Bildschirme gleich mit entsprechenden Namen versehen hätten, könnten wir sofort den Baustein „ListPicker.Selection" anfügen. Darin verbirgt sich der Text der Auswahl.
Dafür hätten wir in den Eigenschaften des „ListPicker" die Auswahl „Sceen1,Screen2,usw" eintragen müssen.
Man könnte auch auf die Idee kommen, den Bildschirmen bei der Erstellung im Design-Fenster die Namen Seite1, Seite2, usw. zu geben. Leider verbietet es AppInventor2, den Namen des ersten Bildschirms zu ändern.

So nutzen wir einfach die Möglichkeit, mit dem Block „ListPicker1.SelectionIndex" die Nummer der Auswahl zu ermitteln und fügen sie dem Text „Sreen" an.
Diesen Block müssen wir entsprechend in jedem Bildschirm erzeugen.
Um die Arbeit nicht mehrmals machen zu müssen, benutzen wir hier jetzt einmal ein Hilfsmittel zum Kopieren und Einfügen.

Vielleicht ist schon einmal der „ominöse" Rucksack in dem Blocks-Fenster aufgefallen. Wir können den zu kopierenden Block einfach in den Rucksack ziehen und der Rucksack verändert seine Form:

Das soll andeuten, dass sich im Rucksack einer oder mehrere Blöcke befinden.
Gehen wir in den nächsten Bildschirm und klicken im Blocks-Fenster auf den Rucksack. Dort finden wir nun den vorher hineingegebenen Block und können ihn in den Block-Editor ziehen.
Das geht auch für mehrere Blöcke. Beim Verlassen der AppInventor2-Seite wird der Rucksack allerdings geleert.

Komplettieren wir nun alle vier Bildschirme und starten die App. Beim Druck auf den Knopf Menü öffnet sich jetzt der „ListPicker" und bietet uns die vier Auswahlen an. Nach der Auswahl öffnet sich der entsprechende Bildschirm.

Daten von einem Bildschirm zu einem anderen (TinyDB)

Jeder Bildschirm (*screen*) hat seine eigenen globalen und lokalen Daten.
Das ist einerseits schön, weil man sich nicht um die Daten der anderen Bildschirme kümmern muss. Aber das ist andererseits ein Problem, wenn man Daten von einem Bildschirm zu einem anderen mitnehmen möchte.
Wir bräuchten also so etwas wie „globale globale Daten", d.h. Daten, die für die gesamte App gelten.
Dies lässt sich nur mit dem Werkzeug einer kleinen Datenbank (TinyDB) lösen.
„TinyDB" ist eine Datenbank, die man zur Verwaltung verschiedenster Daten verwenden kann.
Dazu fügen wir in unser Design ein Element vom Typ „TinyDB" ein. Dieses Element erscheint unterhalb des Bildschirms, weil es für die gesamte App gilt.

Öffnen wir das Blocks-Fenster, so werden uns unter „TinyDB" verschiedene Blöcke angeboten.

Zum Verständnis der Funktion dieser Datenbank müssen wir wissen, wie Daten darin gespeichert werden:

Es gibt die sogenannten „tags" und die „values".

Ein „tag" ist eine Art Etikett, das den Speicherplatz bezeichnet und „value" ist der Wert, der in diesem Speicherplatz abgelegt ist. Man kann sich „TinyDB" wie einen Schubladenschrank vorstellen, bei dem jede Schublade ein Etikett (*tag*) und einen Inhalt (*value*) hat.

Mit den Blöcken zur Bearbeitung von Datenbanken vom Typ „TinyDB" können wir die Datenbank bearbeiten.

Mit „call TinyDB.ClearAll" löschen wir den kompletten Inhalt der Datenbank und mit „call TinyDB.ClearTag...tag..." löschen wir den Inhalt einer „Schublade" mit dem Etikett „tag". Welche Etiketten es in der Datenbank überhaupt gibt, wird mit „call TinyDB.GetTags" ermittelt.

Nun zu den beiden entscheidenden Blöcken zur Bearbeitung von Werten in der Datenbank.

Mit „call TinyDB.StoreValue...tag...valueToStore..." wird mit dem anzugebenden Etikett der anzugebende Wert gespeichert.

Zum Auslesen eines Wertes mit dem anzugebenden Etikett wird „call TinyDB.GetValue...tag...valueIfTargetNotThere..." benutzt. Damit nicht die Situation entstehen kann, dass es überhaupt keinen Wert für das Etikett oder das Etikett nicht gibt, muss hinter „valueIfTagNotThere" ein Wert angegeben werden, der in dem Fall stattdessen ausgegeben wird (dies kann ein Zahlenwert oder ein Text sein).

Nun nutzen wir die Datenbank für unsere App. Dem Benutzer soll mitgeteilt werden, von welcher vorherigen Seite er auf diese Seite gekommen ist. Dazu speichern wir in der Datenbank unter dem Etikett „woher" den Namen der Seite.

Zuerst wird im Label2 der Text ausgegeben, der sich zusammensetzt (mit „join") aus dem Text „Du kommst von" und dem Namen der Seite, die aktuell in der Datenbank gespeichert ist.

Anschließend aktualisieren wir die Datenbank, indem wir den Namen der aktuellen Seite unter dem Etikett „woher" abspeichern.

Für die erste Seite sehen die Blöcke dann folgendermaßen aus:

Für alle weiteren Seiten müssen diese Blöcke ebenfalls eingefügt werden. Am besten kann man das unter Benutzung des Rucksacks vereinfachen.

Aber Achtung: Der Name der aktuellen Seite muss jeweils angepasst werden.

Bildschirmwechsel mit Besuchszähler

Nun lassen wir die App auch noch angeben, wie oft eine Seite benutzt worden ist. Dazu setzen wir noch ein weiteres Label ein.

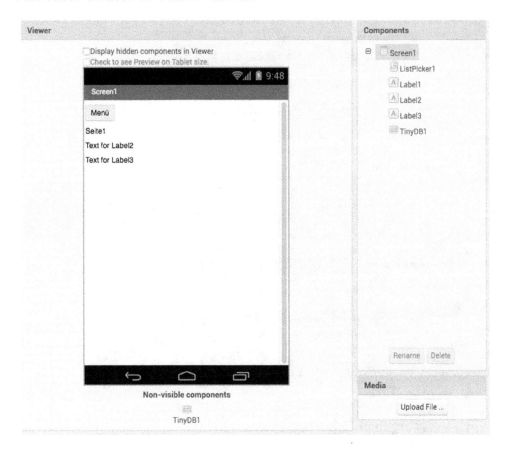

Neben dem Speicher mit dem Etikett „woher" lassen wir in vier Speichern mit den Etiketten „zaehler1" bis „zaehler4" die Besuche auf der jeweiligen Seite zählen und in einem neuen Label ausgeben.

Wenn es den jeweiligen Zähler noch nicht gibt, setzen wir den Wert auf Null mit der Zuweisung von Null für „valueIfTagNotThere". So gibt es am Anfang sicher den Wert Null.

Für den Fall, dass der Zähler noch gleich Null ist, wird der Zähler auf den Wert Eins gesetzt (Erstbesuch der Seite). Für alle anderen Fälle wird der Zähler um Eins erhöht.

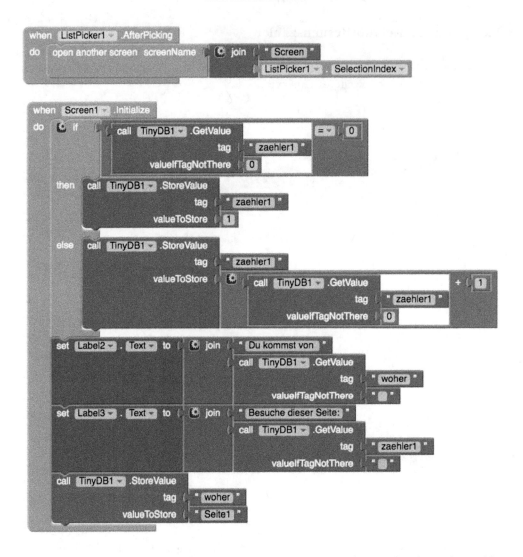

Für alle vier Seiten müssen diese Blöcke eingegeben werden und mit „Seite1" bis „Seite4" und „zaehler1" bis „zaehler4" angepasst werden.

Obwohl die App jetzt die Besuche der Seiten zählt und ausgibt, bleibt noch ein kleiner „Schönheitsfehler". Bei jedem neuen Start der App werden die Seitenbesuche weitergezählt.

Das hat damit zu tun, dass die Datenbank „TinyDB" so konzipiert ist, dass sie die Daten für die App dauerhaft im Smartphone speichert. Das ist z.B. sinnvoll, wenn man auf Daten aus einer früheren Benutzung der App (z.B. ein gespeichertes Passwort oder eine Telefonnummer) zurückgreifen muss.

Mit Startseite zur Initialisierung

Um die Zählung der Seitenaufrufe beim Neustart der App jedes Mal bei Null beginnen zu lassen, schalten wir einfach einen Startbildschirm vor.

Dieser ist einfach ein leerer Bildschirm, der alleine den Zweck hat, in der Datenbank die Zähler für die Seiten auf Null zu setzen und anschließend den ersten Bildschirm zu öffnen.

Die anderen vier Bildschirme werden wieder genau so programmiert wie im vorherigen Beispiel.

Android-Apps entwickeln mit AppInventor2 - Jeder kann programmieren

111

Karl-Hermann Rollke

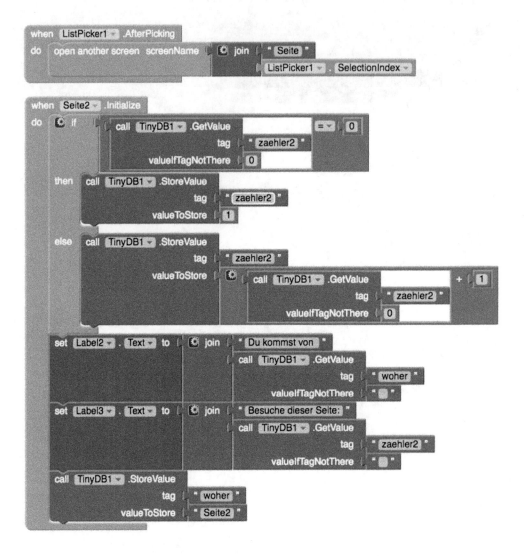

112

18 DATEN UND DATEIEN

Listen

Als kleines Beispiel zur Verwendung von Listen schreiben wir eine App, die es erlaubt, Daten einzugeben, in einer Liste abzuspeichern und die gesamte Liste auf dem Bildschirm auszugeben.

Dazu erzeugen wir ein Design mit einem zweigeteilten vertikalen Layout. Im oberen Teil bringen wir eine Textbox zur Dateneingabe und zwei Knöpfe zum Speichern und Ausgeben unter (am besten mit einem horizontalen Layout).

Im unteren Teil bringen wir eine Textbox für die Liste unter. Da wir mehrere Zeilen für unsere Liste brauchen, sollte die Textbox die Eigenschaft „MultiLine" (unter Properties) angeklickt haben.

Nun geht es im Block-Editor weiter.

Unter dem Auswahlmenü für Listen wählen wir „create empty list" und weisen diese leere Liste einer globalen Variable zu.

Der Knopf zum Speichern eines neuen Listenelements erhält einen Block zum Anfügen eines Elements (item) an eine Liste: „add items to list...item...".

Die Liste, an die angefügt werden soll, ist die unter der globalen Variablen gespeicherte (anfänglich leere) Liste.

Das anzufügende Element holen wir aus der Textbox zur Eingabe von Daten.

Wird der Knopf zur Ausgabe der Liste gedrückt, so füllen wir die Textbox zur Ausgabe zunächst einmal mit einem leeren Text, damit sie gelöscht wird.

Wenn wir es nicht mit einer leeren Liste zu tun haben (if not is list empty...), dann weisen wir der Textbox die komplette Liste zu.

Testen wir nun die App, werden wir feststellen, dass alle Listenelemente ausgegeben werden. Allerdings werden sie als komplette Liste mit Klammern aneinandergereiht.

So hatten wir uns das nicht vorgestellt.

Vielmehr sollten alle Listenelemente in der Textbox untereinander ausgegeben werden.

Dazu müssen wir mit einer Schleife alle Listenelemente einzeln ausgeben.

Wir benutzen dazu die Schleifen-Konstruktion „for each item in list...". Damit wird jedes Listenelement (*item*) nacheinander behandelt.

In der Schleife nehmen wir den aktuellen Inhalt der Textbox, fügen ein Kontrollzeichen für den Zeilenvorschub („\n") hinzu sowie das aktuelle Listenelement (item).

Jetzt wird beim Druck auf den Knopf die gesamte Liste elementweise untereinander ausgegeben.

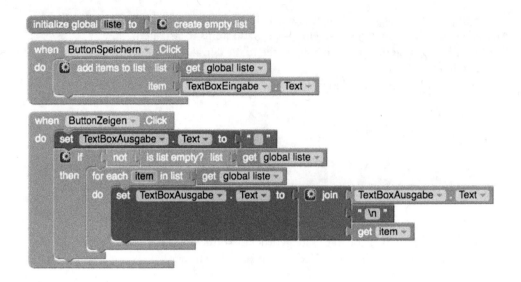

Hier noch kurz die Übersicht über die Blöcke, die wir mit Listen verwenden können:

Mit „create empty list" erzeugen wir eine leere Liste.
Wir können die Liste schon vor dem Start der App mit Elementen füllen. Dazu verwenden wir „make a list...". Als erstes wird die Liste angegeben, die erzeugt werden soll. Danach folgt ein Listenelement oder es folgen mehrere Listenelemente, wenn wir das blaue Zahnradsymbol verwenden, um mehrere Elemente an den Block anfügen zu können.

In der laufenden App fügen wir Elemente mir „add items to list..." an.

Wir können abfragen, ob sich ein Element in der Liste befindet („is in list? thing...list...") und feststellen, wie viele Elemente eine Liste umfasst („length of list list...") oder ob eine Liste leer ist („is list empty? list...").

Mit „pick a random item list..." wir ein zufälliges Element der Liste ausgegeben.

Die Nummer eines Listenelements finden wir mit „index in list thing...list..." und mit „select list item list...index..." können wir ein Element mit der Nummer index ausgeben.

Mit „insert list item list...index...item..." fügen wir an der angegebenen Stelle („index") ein Element („item") in die Liste ein. Alle folgenden Elemente wandern dann eine Stelle weiter nach hinten. Wir können auch ein Element an einer Stelle („index") ersetzen durch ein anderes Element („replacement") mit „replace list item list...index...replacement...".

Mit „remove list item list...index..." wird ein bestimmtes Element gelöscht und mit „append to list list1...list2..." wird die Liste list2 an die Liste list1 angehängt. Die Nummern der Listenelemente werden natürlich aktualisiert.

Will man eine Liste aus einer anderen erzeugen, weil man ein Duplikat benötigt, so kann dies mit „copy list list..." geschehen.

Mit „is a list? thing..." wird getestet, ob es sich bei dem angehängten Objekt um eine Liste handelt.

Eine spezielle Suche erlaubt die Abfrage „look up in pairs key...pairs...not found...". Hier wird eine liste von Paaren benötigt („pairs"), die jeweils aus einem Element für den „key" und ein weiterem Element besteht.

Nehmen wir folgende Liste („pairs") an: ((a Apfel)(b Baum)(c Clown)). Die Frage nach dem key-Element „b" würde dann „Baum" ergeben.

Will man Daten aus sogenannten csv-Dateien (*comma-separated value*, d.h. Dateien in denen die Daten mittels Kommata voneinander getrennt sind) importieren, so können die entsprechenden Blöcke verwendet werden.

Mit „list to csv row list..." wird die angehängte Liste in die Form gebracht, dass jedes Listenelemente durch ein Komma von dem nächsten getrennt wird.

Die Liste (a b c) wird dann zum Text „a,b,c":

Umgekehrt wird mit „list from csv row text..." der angehängte, durch Komma getrennte Text in eine Liste gewandelt.

Soll z.B. eine als csv-Datei gespeicherte Tabelle (z.B. Libre Office), in eine Liste gewandelt werden, so verwendet man den Block „list from csv table text...". So wird aus der Tabelle

a,b,c

d,e,f

g,h,i

die Liste ((a b c) (d e f) (g h i)).

Die Umkehrung „list to csv table list..."
wandelt eine entsprechende Liste von
Listen in einen Text im csv-Format.

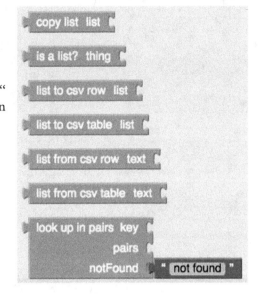

Sortieren

Als kleines „Schmankerl" wollen wir unserer App jetzt noch eine Sortierfunktion zufügen. Wir erweitern das Design um einen Knopf zum Sortieren der Liste.

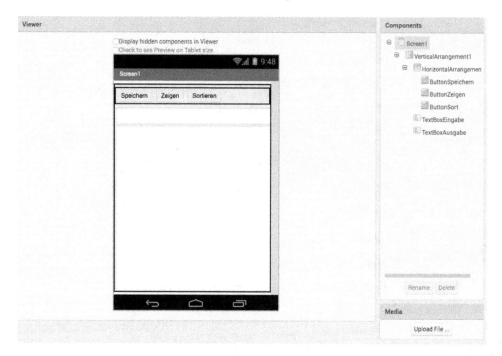

Wie können wir die Daten sortieren? In der Informatik findet man vielfältige Sortieralgorithmen. Sie haben alle das gleiche Ziel: Die Daten sollen sortiert sein.

Die verschiedenen Algorithmen unterscheiden sich aber teils erheblich in dem erforderlichen Aufwand, den sie treiben, die Daten möglichst effektiv und damit möglichst schnell zu sortieren. Dies ist bei großen Datenmengen von Bedeutung.

In unserem Fall reicht ein einfacher Algorithmus, da die Datenmenge hier nicht so groß ist.

Die Idee ist folgende:

Vergleiche das erste bis zum vorletzten Listenelement (Schleife mit dem Index i von 1 bis Listenlänge minus 1) mit allen jeweils folgenden Elementen (Schleife mit dem Index j von i bis Listenlänge) und tausche deren Plätze in der Liste, wenn das erste der beiden Elemente größer ist als das zweite.

Zum Vertauschen der beiden Elemente brauchen wir wieder einen sogenannten „Dreieckstausch".

Wir speichern das erste Element in einer Hilfsvariablen, weisen dem ersten Element den Inhalt des zweiten Elements zu, um dann dem zweiten Element den Inhalt der Hilfsvariablen zuzuweisen.

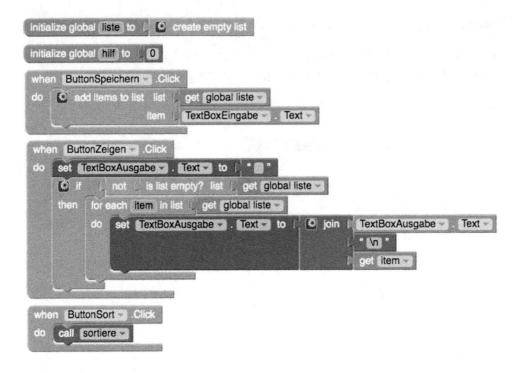

Zum Sortieren erstellen wir eine Prozedur, die die globale Liste sortiert.

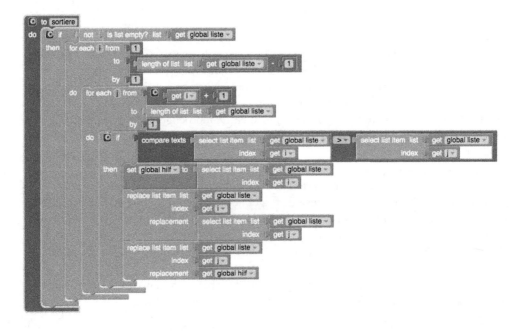

Daten in der App speichern (TinyDB)

Schon in einem vorigen Kapitel haben wir die Datenbank „TinyDB" verwendet, um Daten permanent für die App im Smartphone zu speichern.

Dies kann wichtig sein, wenn wir darauf angewiesen sind, dass die Daten beim nächsten Aufruf der App noch vorhanden sind.

Hier könnten wir z.B. unsere Liste aus dem vorigen Beispiel abspeichern, so dass wir die Listenelemente nicht ständig neu eingeben müssen.

Dazu müssten wir lediglich zwei weitere Knöpfe einfügen, welche die gesamte Liste mittels „call TinyDB1.StoreValue tag meineListe value liste" abspeichert und mittels „call TinyDB1.GetValue tag meineListe valueIfTagNotThere leereListe" wieder einliest.

Was ist die Idee der Datenbank „TinyDB"?

Wir können eine oder mehrere Datenbanken vom Typ „TinyDB" in unsere App einbauen. In diesen Datenbanken werden Daten beliebigen Typs abgespeichert. Wir nennen sie generische Datenbanken, wenn der Typ der Daten keine Rolle spielt. Die Daten der Datenbanken werden in einem eigenen Speicherbereich der App gesichert, der mit der App verbunden ist und permanent gesichert ist, solange die App nicht komplett deinstalliert wird.

Vorsicht: Daher kann sich natürlich der Speicherbedarf der App deutlich vergrößern, wenn wir große Datenmengen in einer solchen Datenbank ablegen.

Der Aufbau der Datenbank ist einfach. Es gibt Schlüssel oder Etiketten und es gibt Daten.

Der Schlüssel (oder Etikett) gibt dem jeweiligen Speicherplatz einen Namen. Er wird hier „tag" genannt.

Der Inhalt des jeweiligen Speicherplatzes kann mit „StoreValue" geschrieben und mit „GetValue" gelesen werden.

Die gesamte Datenbank oder einzelne Speicher darin können gelöscht werden. Und wir können eine Liste aller Etiketten („tags") erhalten.

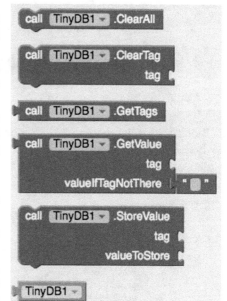

Wir wollen die Datenbank für eine nützliche Anwendung bemühen.

Es kommt häufiger vor, dass wir eine App mit einem Passwort schützen wollen.

Dazu soll der Benutzer aufgefordert werden, ein Passwort einzugeben, damit dieses mit einem definierten Wort im Programm verglichen wird. Bei Übereinstimmung wird die Benutzung der App freigegeben.

Nun ist es für den Benutzer unkomfortabel, wenn er sein Passwort immer wieder eingeben muss. Bequemer ist es, wenn man ein Häkchen setzen kann, damit das eingegebene Passwort für die nächste Benutzung der App gespeichert wird.

Dazu planen wir erst einmal ein Design, das eine Textbox zur Eingabe des Passwortes bereitstellt. Hier gibt als Sonderform der Textbox die „PasswordTextBox", die bei der Eingabe nur das aktuelle Zeichen zeigt und ansonsten schwarze Punkte.

Außerdem generieren wir zwei Knöpfe zur Anmeldung und Abmeldung.

Für die Speicherung des eingegebenen Passwortes gibt es noch eine „CheckBox", die an- oder abgewählt werden kann.

Zur Funktionsprüfung geben wir einen Text aus, der anzeigt, ob der Benutzer angemeldet ist.

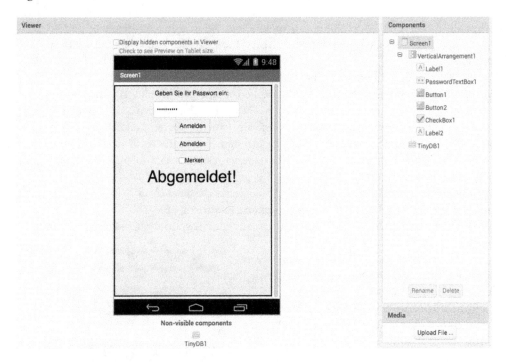

Im Block-Editor definieren wir vier globale Variablen. Es soll festgehalten werden, ob der Benutzer angemeldet ist (true oder false), ob die Anmeldung dauerhaft gemerkt werden soll (true oder false), wie das Passwort heißt und welches Passwort der Benutzer eingegeben hat.

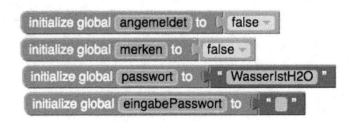

Mit der Prozedur pruefen wird das eingegebene Passwort mit dem richtigen Passwort verglichen und damit ermittelt, ob der Benutzer als angemeldet gelten soll. Diese Eigenschaft wird in dem Label ausgegeben.

In der Datenbank speichern wir unter dem Etikett merken den Zustand true oder false, der bestimmt, ob das Passwort gemerkt wurde.

Unter dem Etikett passwort speichern wir das vom Benutzer eigegebene Passwort.

Beim Start der App holen wir uns aus der Datenbank den Wahrheitswert, der bestimmt, ob das Passwort gemerkt ist.

Sollte unter diesem Etikett kein Eintrag zu finden sein (z.B. beim erstmaligen Start der App), so wird false zurückgegeben.

Wenn das Passwort gemerkt ist, dann wird das gemerkte Passwort aus der Datenbank geholt (if...) und die Prozedur pruefen aufgerufen.

Wird der Knopf zur Anmeldung gedrückt, so wird die Variable eingabePasswort mit dem Inhalt der PasswordTextBox gefüllt und die Prozedur pruefen aufgerufen.

Anschließend wird festgestellt, ob die CheckBox mit einem Haken versehen ist („enabled"), um in dem Fall das eingegebene Passwort in der Datenbank zu speichern.

Beim Druck auf den Knopf zur Abmeldung wird das eingegeben Passwort einfach auf einen leeren Text gesetzt.

Jetzt muss nur noch auf das Ereignis reagiert werden, wenn der Benutzer den Haken in der CheckBox setzt oder löscht. Das Ereignis heißt „CheckBox1.Changed", d.h. der Zustand der CheckBox hat sich verändert.
Wenn die Checkbox angewählt ist, speichern wir das Passwort in der Datenbank.

Daten in Dateien

Im Zusammenhang mit Grafiken und Fotos haben wir schon Möglichkeiten kennengelernt, Daten zu speichern und zu laden.
Dabei handelte es sich um Bilddateien, die mit den entsprechenden Anweisungen gesichert und wieder geladen werden konnten.
Hier soll es jetzt noch um die Speicherung von Daten vom Typ Text gehen.
Dazu entwickeln wir eine kleine App, die einen Text speichern und laden soll.
In einem Textfeld wird der Dateiname angegeben, unter dem die Textdaten abgelegt werden.
Darunter ordnen wir vier Knöpfe an. Mit dem Knopf „Speichern" soll der Text in dem mehrzeiligen Textfeld (untere TextBox2) in der Datei mit dem angegebenen Dateinamen gesichert werden. Der Knopf „+" soll dazu dienen, den mehrzeiligen Text hinter die vorhandene Datei mit dem angegebenen Namen anzufügen. Der Knopf „Laden" liest den Inhalt der Textdatei mit dem angegebenen Namen und gibt sie in dem unteren Textfeld aus. Damit man die Veränderung im Textfeld erkennen kann, dient der Knopf „Fenster löschen" dazu, das Textfeld unten zu leeren.

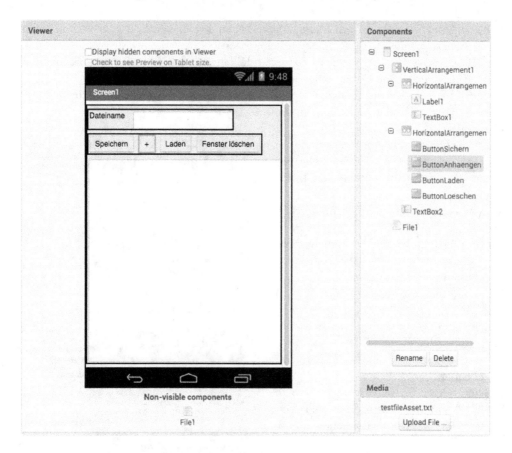

Zusätzlich fügen wir ein Element vom Typ „File" (unter der Rubrik „Storage") in unser Design ein.
Damit bekommen wir im Block-Editor entsprechende Blöcke angeboten.

Mit „call File1.SaveFile text...filename..." kann ein angegebener Text als Datei mit dem angegebenen Dateinamen (fileName) gesichert werden.

Der Block „call File1.AppendToFile text...fileName..." hängt einen entsprechenden Text an die angegebene Datei hinten an.

Mit „call File1.ReadFrom filename..." wird ein Text aus der angegebenen Datei gelesen.

Dieser Text befindet sich in einem Dateipuffer. Mit „when File1.GotText do..." wird der im Dateipuffer befindliche Text weiterbearbeitet. Die angebotene lokale Variable „text" enthält den Inhalt des Dateipuffers.

Möchte man nach dem erfolgreichen Speichern in einer Datei noch Anweisungen ausführen, so können diese im Block „when File1.AfterFileSaved do..." untergebracht werden.

Mit „call File1.Delete fileName..." wird die Datei mit dem angegebenen Dateinamen aus dem Speicher des Smartphones gelöscht.

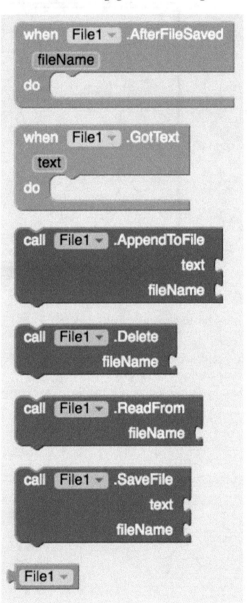

Dateinamen:

Dateien, deren Dateinamen mit einem Slash (/) anfangen, werden in der SD-Karte des Geräts gespeichert (z.B. /testfileSD).

Dateinamen ohne Slash-Sonderzeichen werden im Gerät unter dem Verzeichnis Application der jeweiligen Anwendung gespeichert (z.B. testfilePrivat).

Fängt der Dateiname mit doppeltem Slash an, so handelt es sich um eine Asset-Datei (z.B. //testfileAsset). Dies ist eine Datei, die wir mit dem AppInventor2 direkt unserer App mitgeben. Zum Test sollten wir eine einfache Textdatei mit einem Texteditor erstellen und diese im Design-Editor unter Media hochladen (mit dem Knopf „Upload File...").

Nun erstellen wir die nötigen Blöcke im Block-Editor.

Zum Test der App sollten wir verschiedene Dateinamen (mit und ohne Slash) ausprobieren und im Smartphone nachsehen, wo sie gespeichert sind.

19 AUSGEWÄHLTE ANWENDUNGSMÖGLICHKEITEN

Ein (sprechender) Barcodescanner

Die folgende Aufgabe hört sich gewaltig an: Eine App soll einen Barcode oder QR-Code lesen und ausgeben.

Weit gefehlt! AppInventor2 liefert hier mächtige Werkzeuge, die uns die Aufgabe kinderleicht lösen lassen.

Im Design-Editor stellen wir einen Knopf zum Scannen und eine mehrzeilige Textbox zur Ausgabe des Ergebnisses in einem vertikalen Design zusammen.

Dazu fügen wir ein Element „Barcodescanner" aus der Rubrik Sensors in das Design ein. Wir können anklicken, ob wir einen externen Barcodescanner (d.h. eine andere Android-App zum Scannen) verwenden wollen oder nicht.

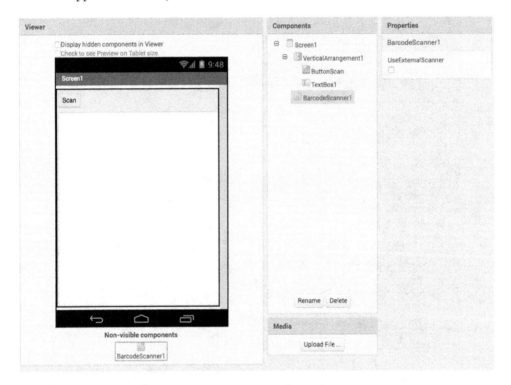

Im Block-Editor rufen wir die entsprechende Prozedur mit „call BarcodeScanner1.DoScan" auf, wenn der Knopf gedrückt wird.

Damit wird der Barcodescanner gestartet und er zeigt uns mittels Kamera den Scanbereich. Sobald ein gültiger Barcode oder QR-Code erkannt wird, wird der Barcodescanner automatisch beendet und hat ein entsprechendes Ergebnis (result).

Mit einem weiteren Block sorgen wir dafür, dass der Barcodescanner das Ergebnis bearbeitet. Mit „when BarcodeScanner1.AfterScan do..." weisen wir der Textbox das Ergebnis (mit der lokalen Variablen result) des Scans zu, um es auf den Bildschirm zu bringen.

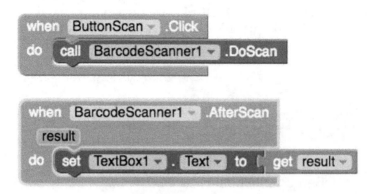

Mit geeigneten Programmen oder Online-Tools lassen sich verschieden Barcodes oder QR-Codes generieren, um die neue App zu testen.

Jetzt wird es noch „verrückter": Die App soll uns den Inhalt des Barcodes vorlesen.
Dazu fügen wir in das Design noch eine Element vom Typ „TextToSpeech" aus der Rubrik „Media" ein.
Achtung: Dafür muss das Android-Gerät die entsprechende Fähigkeit text-to-speech haben, die unter Einstellungen (Android Einstellungen des Smartphones) gewählt werden kann.
In den Eigenschaften (Properties) ist es eine gute Idee, die Sprache als Deutsch einzustellen.

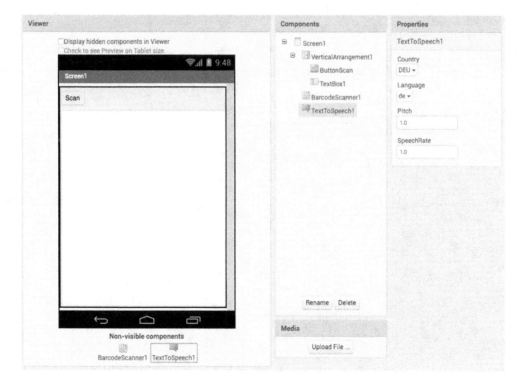

In dem Block, der auf das AfterScan-Ereignis reagiert, fügen wir den Aufruf der Prozedur mit „call TextToSpeech1.Speak message..." ein. Als Message hängen wir das Ergebnis des Scans an.

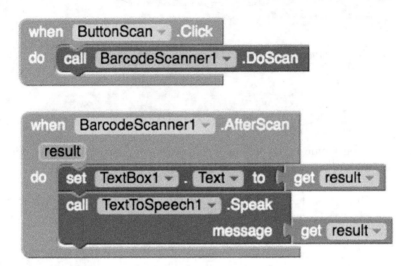

Deine App kann auch die Funktionen eines Telefons bedienen

Man kann eine App auch einen Telefonanruf starten oder eine SMS-Nachricht versenden lassen.

Dazu gibt es In der Rubrik „Social" die entsprechenden Elemente.

In der folgenden App soll eine SMS an eine anzugebende Telefonnummer gesendet werden.

Wir platzieren entsprechende Textboxen für die Eingabe der Telefonnummer und für den zu sendenden Text, sowie einen Knopf zum Senden.

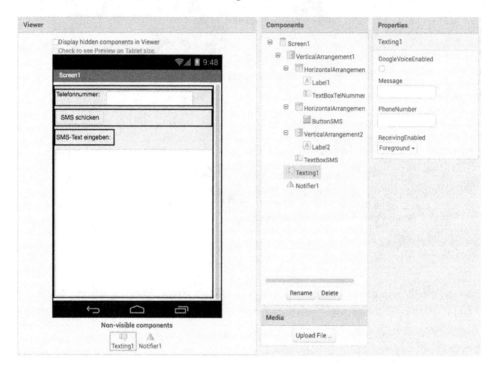

Da das Versenden von SMS mit Kosten verbunden ist, sollten wir einen Dialog einbauen, der den Benutzer fragt, ob die SMS wirklich an die angegebene Nummer verschickt werden soll.

Dazu fügen wir noch ein Element vom Typ „Notifier" ein.

Wenn der Sendeknopf gerückt wird, soll die Variable für die Telefonnummer mit dem Inhalt der Textbox für die Nummer gefüllt werden. Zur Sicherheit fahren wir nur fort, wenn die Variable nicht leer ist.

Ist eine Nummer vorhanden, so rufen wir den Dialog mittels „Notifier" auf, in dem gefragt wird, ob die SMS wirklich gesendet werden soll.

Der letzte Block reagiert auf das Ereignis der erfolgten Auswahl des Dialogs. Wenn die Wahl „Ja" ist, so wird mit „set Texting1.Message to..." der Inhalt der Textbox für die SMS an das Texting-Element gegeben und mit „call Texting1.SendMessage" die Sendung gestartet.

Auf geeigneten Smartphones kann deine App noch andere Sensoren abfragen

Viele Smartphones haben verschiedene Sensoren eingebaut. Einige davon können wir mit dem AppInventor2 abfragen. Natürlich hängt der Erfolg davon ab, ob der entsprechende Sensor wirklich im Gerät verfügbar ist.

Als Beispiel wollen wir den Beschleunigungssensor benutzen. Dazu geben wir den Text „Du hast mich geschüttelt" aus, wenn das Smartphone stark bewegt wird. Ein Knopf soll für den Test die Ausgabe löschen können.

Im Design-Editor fügen wir ein Element vom Typ „AccelerometerSensor" aus der Rubrik „Sensors" ein. Man sollte für den Test auch mit den Einstellungen unter „Properties" spielen, um ein Gefühl dafür zu bekommen, wie der Sensor reagiert.

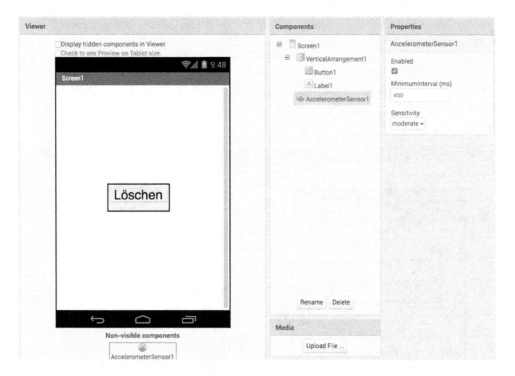

Im Block-Editor wird ganz einfach der entsprechende Text ausgegeben, wenn der Sensor reagiert. Dazu wird mit „when AcceleratorSensor1.Shaking do..." auf das Ereignis des Schüttelns reagiert.

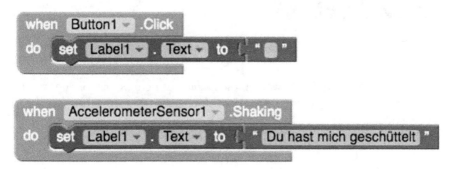

Mit diesem Sensor lassen sich reizvolle Spiele programmieren.

Die GPS-Daten zeigen und auf der Karte darstellen

In der folgenden kleinen App soll der „LocationSensor" zum Einsatz kommen. Mit ihm werden die GPS-Koordinaten („Latitude" und „Longitute") für die geographische Breite und Länge des Geräts ermittelt. Außerdem kann, falls vorhanden, die dazugehörige Adresse ermittelt werden.
Wir ordnen zwei Knöpfe zur Ermittlung der GPS-Koordinaten und zur Darstellung auf einer Karte im Design an.

Weiterhin fügen wir drei Elemente vom Typ Textbox ein, in denen die geographische Breite und Länge, sowie die Adresse ausgegeben werden.

Um die Position auf der Karte zu zeigen, verwenden wir ein Element vom Typ „ActivityStarter" aus der Rubrik „Connectivity". Damit können andere Apps auf dem Smartphone aus unserer App heraus gestartet werden. In unserem Fall soll die Karten-App mit unseren Koordinaten gefüttert werden, um die Position auf der Karte zu zeigen.

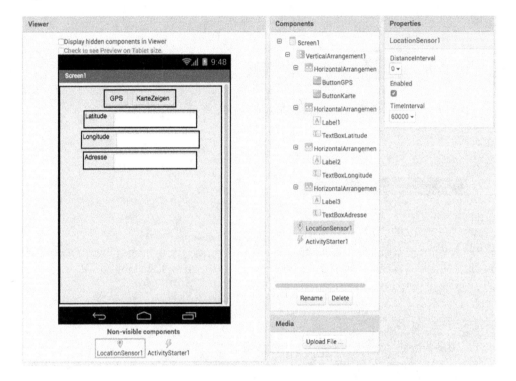

Beim Druck auf den Knopf „GPS" werden die Daten aus dem „LocationSensor" in die entsprechenden Textfelder geschrieben. Vorsichtshalber aktivieren wir vorher den „LocationSensor".

Zum Aufruf der Karte rufen wir mit dem „ActivityStarter" die Aktion zum Darstellen einer Webseite auf („android.intent.action.VIEW"). Dann geben wir das entsprechende Paket (App) an, das gestartet wird („com.google.android.apps.maps") und die Art der Aktivität („com.google.android.maps.MapsActivity"). Zuletzt übergeben wir als Daten den zusammengesetzten Text aus „geo:" und den GPS-Koordinaten (mit einem Komma dazwischen).

Nach der Darstellung der Karten-App kommen wir mit der „Zurück-Taste" des Smartphones wieder in unsere App zurück.

Der Aufruf von anderen Apps mittels „ActivityStarter" ist eine recht komplexe und schwierige Angelegenheit. Dazu sollten die entsprechenden Hilfeseiten im Internet besucht werden. Das obige Beispiel ist aber recht nützlich, da wir diese Funktion in verschiedenen Anwendungen ganz gut gebrauchen könnten.

AUSBLICK

Nun kommt es im Weiteren auf Ideen an. Mit dem hier vermittelten Wissen sollten sich eine ganze Reihe von Apps zu verschiedenen Aufgabenstellungen entwickeln lassen.

Folgt man entsprechenden Anweisungen im Internet, so können auch Apps entwickelt werden, die im PlayStore vertrieben werden. Dazu muss ein entsprechender Account eingerichtet werden und eine Gebühr fällt an. Im AppInventor2 kann die entwickelte App unter dem Menüpunkt „Build" als App („save .apk To my computer") abgelegt werden. Diese Datei mit dem Suffix .apk kann man mittels Installer auf einem Android-Gerät installieren und man kann sie zur Veröffentlichung im PlayStore hochladen.

Es soll hier allerdings auch nicht verschwiegen werden, dass die Entwicklung von Apps mittels AppInventor2 auch an ihre Grenzen stoßen kann.

Wenn man feststellt, das bestimmte Ideen nicht zu verwirklichen sind, dann muss man über kurz oder lang den nächsten Schritt gehen und eine professionellere Entwicklungsumgebung wie Android Studio oder Eclipse verwenden. Dies erfordert allerdings einen nicht unerheblichen Lernaufwand, da dann in der Programmiersprache Java in einer komplexen Umgebung gearbeitet wird.

Das trifft insbesondere dann zu, wenn große Programme entwickelt werden sollen, wenn man beliebige Daten in Dateien speichern will, wenn man umfangreichere Werkzeuge verwenden will oder wenn man komplexe Daten im Assets-Speicher (d.h. in der App gespeicherte Daten) verwenden will.

Mit dem AppInventor2 lassen sich allerdings sehr einfach erstaunliche Ergebnisse erzielen.

Viel Spaß beim weiteren Programmieren!

INDEX

while loop, 41
WiFi-Kopplung, 13

Z

Zahlen, 30
Zählschleife, 40

ÜBER DEN AUTOR

Karl-Hermann Rollke, Jg.1952
Ehemaliger Informatiklehrer, Fachberater für Informatik
und Schulleiter eines Gymnasiums.
Autor einiger Informatikbücher für den Schulunterricht, sowie
verschiedener Computerbücher zum Programmieren in Pascal.

www.ingramcontent.com/pod-product-compliance
Lightning Source LLC
La Vergne TN
LVHW080059070326
832902LV00014B/2306

* 9 7 8 1 5 4 4 2 5 6 0 0 9 *